AF500361

L'Hermitage Saint-Jacques,

OU

Dieu, le Roi,

ET

la Patrie.

Par M. Ducray-Duminil.

Tome Premier.

PARIS,
MÉNARD FILS, LIBRAIRE,
Editeur du *Répertoire général du Théâtre Français*,
rue Gît-le-Cœur, n°. 8.

1815.

DIEU, LE ROI,

ET

LA PATRIE.

Tous les Exemplaires sont numérotés et parafés

N°. 68

IMPRIMERIE DE MAGIMEL.

L'HERMITAGE
SAINT-JACQUES,
OU
DIEU, LE ROI,
ET
LA PATRIE.

PAR M. DUCRAY-DUMINIL.

J'ai le prix de mes soins,
Et du sang des Bourbons je n'attendais pas moins.
VOLTAIRE, (*Adelaïde Duguesclin.*)

TOME PREMIER.

PARIS,
MENARD FILS, LIBRAIRE,
Éditeur du RÉPERTOIRE GÉNÉRAL DU THÉATRE FRANÇAIS,
rue Git-le-Cœur, N°. 8.

1815.

HUIT MATINÉES AUX TUILERIES.

AVANT-PROPOS QU'IL EST INDISPENSABLE DE LIRE.

« Je te salue, ô troisième jour de Mai (1)!.... jour si mémorable pour l'histoire, jour à jamais gravé dans les cœurs de tous les Français, jour enfin qui a rendu, à un grand Roi son trône usurpé, à l'Europe entière une paix durable, je te salue mille fois! Déjà,

(1) De l'année 1814.

dans le mois qui t'avait précédé, Paris s'était vu honoré de la présence *d'un Français de plus ;* et quel Français ! MONSIEUR, comte d'ARTOIS d'abord, et bientôt après, l'un de ses augustes fils, étaient venus relever, purifier le trône de Saint-Louis, et le préparer pour l'illustre chef de leur famille adorée..... Quel changement ! quel contraste ! que d'événemens se pressent, s'accumulent en si peu de temps !

« Paris! ton enceinte qui, depuis tant de siècles n'avait été forcée par aucun étranger (Henri IV ne l'était pas pour toi), ton enceinte est menacée ! l'armée la plus formidable s'avance à pas dégéant vers tes murs sans défense ; elle couvre les vastes plaines qui t'environnent ; elle s'est élancée sur tes faibles collines, tes seules fortifications ; elle est enfin à tes portes ouvertes de toutes parts ! tout fuit devant elle. Le paisible habitant des campagnes, redoutant l'approche de ses phalanges victorieuses, se précipite vers la capitale, où il entre en désordre, conduisant sa famille éplorée, son pauvre ménage jeté pêle-mêle sur sa champêtre voiture, et jusqu'à son bétail qui semble, par ses cris, ses bêlemens, partager le chagrin et la terreur de son maître ! Les hommes marchent pâles, silencieux ; les femmes poussent de profonds gémissemens et les enfans versent des torrens de larmes. Les faubourgs sont encombrés par ces tristes victimes ; elles se sauvent sans avoir d'asile prévu ; elles se fient, avec raison, à l'humanité de leurs concitoyens ; elles se jettent enfin dans les cours des maisons ; elles se couchent même sur le pavé des rues ! Quel spectacle !... Il n'est que le prélude à un tableau plus douloureux encore. L'airain tonne au loin. Il se rapproche. Son bruit effrayant ne cesse qu'avec le jour...,. Une nuit s'écoule, nuit de transes et de terreurs ! Le lugubre rappel du tambour arrache les citoyens des bras de leurs épouses mourantes d'effroi ; ils volent aux armes ! l'airain destructeur recommence à tonner, mais à coups redoublés ! la supériorité des pièces de l'artillerie ennemie se fait remarquer par la force, par la rapidité de leurs coups. On trompe, on fait sortir des barrières la garde nationale. Plusieurs de ces braves paient de leur sang la perfidie de quelques-uns de leurs chefs. L'Europe entière, armée à nos portes, va les enfoncer ; Paris est perdu !

» PARIS EST SAUVÉ !

» Ce ne sont plus des ennemis furieux qui, le fer et la flamme à la main, dévastent ses quartiers, ses rues, ses monumens ; ce sont des alliés, puissans, mais généréux, qui entrent en amis, portant l'olivier de la paix, sur les anciens remparts de cette capitale, où les habitans, à peine revenus de leur stupeur, se réunissent en foule, accueillent leurs libérateurs avec des cris de joie et toute l'ivresse de la reconnaissance!

» Ce jour, si heureux pour la France, est bientôt suivi d'un autre plus fortuné encore, qui fixe pour jamais ses hautes destinées, et c'est ici que je répéterai avec encore plus d'énergie et de sensibilité, ces mots que tout bon Français doit redire avec moi : Je te salue, ô troisième jour de Mai!

» Il est à peine commencé le mois charmant que la nature a

choisi pour ouvrir son sein à toutes les productions nourricières. Les oiseaux chantent les bienfaits de la terre, le retour de la verdure, la renaissance des fleurs ; tous les biens reviennent à la fois ; Louis XVIII va entrer dans sa capitale ?

» Dès l'aurore, une foule immense inonde les issues de cette vaste ville. Tous vont dépouiller de leurs jeunes rameaux, les bois, les bosquets, et transporter dans la ville des forêts d'arbustes ou de branches vertes. Le lin, la soie, la pourpre et l'or, décorent toutes les rues, chaque étage, chaque croisée. Partout on lit des légendes, des inscriptions pleines d'amour pour les

Bourbons ; partout on admire des emblémes ingénieux, et partout encore s'élèvent des arcs de triomphe et des couronnes suspendues à des guirlandes de fleurs. Il n'est pas une fenêtre de grenier que le pauvre n'ait décorée, suivant ses moyens, mais avec autant d'amour que puisse le faire l'homme le plus opulent. Ce sont des enfans ravis de revoir leur père chéri et qui lui préparent une fête de famille. Peu à peu le spectacle le plus imposant se déploie de tous les côtés; des milliers de fusils brillent aux rayons du soleil, et forment une haie impénétrable à l'indiscret empressement des curieux. La barrière Saint-Denis, témoin naguère de l'entrée triomphale des alliés, l'est encore de celle du meilleur des Rois. Euterpe l'attend à l'arc magnifique de son aïeul Louis XIV. Les sons les plus harmonieux se font entendre et conduisent le monarque, entouré de son auguste famille, jusqu'à la cathédrale, où il va rendre graces à l'Eternel de l'espèce de miracle qu'il a opéré en sa faveur; que dis-je! et en notre faveur aussi!

» Temple majestueux, sainte demeure du roi des rois! quel tableau tu offres à mes regards! pour la première fois depuis cinq lustres, tes voûtes sont frappées des cris de joie, des chants pieux de la véritable reconnaissance. Vingt mille voix s'élèvent vers ces voûtes sacrées, pour remercier Dieu du bienfait inespéré qu'il accorde à la France, à l'Europe. Les ministres de ce Dieu de miséricorde entonnent les hymnes saints; l'encent fume, et le souffle divin semble animer lui-même toutes les bouches, tous les cœurs plongés dans l'ivresse du bonheur, de la joie et du sentiment. Tu pries surtout avec ferveur, ô toi le digne frère du plus saint des martyrs! tu regrettes qu'un crime affreux l'ait précipité de son trône, t'ait rendu son héritier; tu promets d'user en bon Roi de cet héritage trop long-temps attendu;

tu le jures à Dieu, et Dieu, qui connaît le fond de ta belle ame laisse monter jusqu'au pied de son trône, avec la fumée de ton encens, tes sermens sacrés dont il sait bien que tu seras l'esclave fidèle.

» Tu pries aussi, mais tu pleures en même-temps, femme angélique, princesse accomplie, fille, nièce de rois, orpheline des plus infortunées, dont la jeunesse fut marquée par la douleur, le deuil et la captivité ! Le trône fut pour toi la première marche de l'escalier tortueux des sombres tours du Temple ! Ton malheureux père y fut arraché de tes bras. Tu fus ensuite la consolation de ton infortunée mère, jusqu'au moment cruel où elle fut enlevée à tes pleurs pour être plongée dans une autre prison, plus affreuse encore, où elle fut accablée des insultes grossières des plus barbares geoliers, des plus vils satellites! Tu perdis cette tendre mère! on te ravit, après, ton jeune frère, l'espoir des lys; ta vertueuse tante, le modèle de la plus touchante tendresse fraternelle; toute ta famille est au ciel, ô véritable ange de bonté! Reste long-temps sur la terre pour l'édifier par tes vertus; vis heureuse, tranquille, et tu mourras tranquille, sûre que ta place est marquée au sein de ton père, de ta mère, de ton frère, de ta tante enfin, dans le séjour des bienheureux!

» Cependant le cortège reprend sa course triomphale au milieu du peuple ivre de joie. Henri IV, comme s'il était, d'une manière magique, descendu du ciel, contemple l'entrée de ses petits fils, heureux du bonheur des Français. Un char allégorique s'élève majestueusement dans les airs, et la femme courageuse qu'il porte, semble aller donner aux cieux des nouvelles de la terre. Elles sont grandes ces nouvelles! aussi l'œil de la pensée croit-il voir les ombres de tous les anciens Bourbons pencher leurs corps diaphanes sur les nuages, comme les antiques héros de la Calédonie, abaisser leurs regards charmés vers la terre, et chanter sur leurs harpes d'or le triomphe de leurs dignes descendans !

» Ils revoient enfin leur Louvre, ces princes si long-temps infortunés ! ils rentrent chez eux comme après un long et périlleux voyage, accablés des bénédictions de leur famille, étonnés ensemble et ravis de se retrouver possesseurs d'un bien dont ils n'espéraient plus jouir. Que de souvenirs rappelle ce superbe monument ! quelle leçon pour les rois (si les nôtres en avaient jamais besoin) que ce palais qui porte encore les marques des criminelles attaques du dix août!.... Tout y parle aux yeux affligés des bons Français qui furent témoins des malheurs de Louis XVI, et qui sont restés fidèles à sa mémoire comme à ses augustes parens!

» O troisième jour de mai, je te salue! tu finis comme tu avais commencé; point de nuit pour une si belle journée. On n'attend point le pâle scintillement de l'étoile du soir ni de celles qui lui succèdent; des milliers de feux s'allument de toute part, et généralement du haut en bas des habitations de tous genres (1); ils

(1) On peut bien adapter à ce mouvement spontané ce vers de Favart, dans sa comédie de

forment des légendes, des emblèmes, des allusions, des transparens; Paris devient un vaste salon, richement illuminé, et la foule y circule éblouie par des torrens de lumières. Ce n'est plus le long et froid alignement d'un seul cordon de lampions ordonné par le commissaire de police, ou placé par la peur ou l'adulation à côté d'autres maisons non éclairées; on voyait là, et l'on pouvait compter de cette manière, dans toute la ville, les gens placés auprès d'un gouvernement détesté. Aujour-

---

l'*Anglais à Bordeaux*, pièce faite à l'occasion de la paix :

C'est l'Amour qui prend soin d'éclairer nos fenêtres.

d'hui c'est un élan général, et l'habitant de la plus simple lucarne y place sa lampe du soir, s'il n'a pas d'autre luminaire.

» Si le bruit tonnant de l'airain, qui naguères avoit tant effrayé le parisien, a charmé son oreille pendant toute cette journée à jamais célèbre, un autre bruit du même genre, un autre spectacle vient ravir son œil attentif et terminer cette belle soirée. Le bitume, enfermé dans des cartouches de toutes dimensions, reprend son activité aux approches de la lance bleuâtre ; il brise avec fracas ses mille prisons, et, rivalisant avec l'astre du jour, il le multiplie à l'infini, tournant, détonnant, tantôt avec la rapidité de la foudre, et tantôt se métamorphosant en gerbes, en palmiers, en cascades ou en nappes de feu. S'il imite le bruit des combats, il n'en offre ni les dangers, ni les redoutables suites. L'homme est devenu son maître et non sa victime ; il l'assujettit à la variété des formes, des temps, des nuances, des couleurs même et le fait, à sa volonté, se terminer par un volcan qui, en retracant les irruptions du Vésuve, offre aux regards étonnés des cratères fulminans, et fait pâlir les éblouissantes illuminations de la ville entière. »

J'écrivais les reflexions qu'on vient de lire, seul, aux Tuileries, le 3 mai dernier à six heures du soir, justement enthousiasmé de l'entrée du Roi dans sa capitale, à laquelle je venais d'assister. Assis sur le premier banc d'une des contre-allées du bas, du côté de l'eau, mon porte-feuille d'une main et mon crayon de l'autre; j'allais ajouter à cette description, dont le style, plus recherché peut-être qu'il ne devrait l'être, est bien permis dans un moment d'enthousiasme, un éloge détaillé de l'auguste famille des Bourbons : j'allais parler de ce prince si affable, si doux, si modeste, MONSIEUR, comte D'ARTOIS, véritable chevalier français plein d'honneur comme de droiture. J'aurais tâché de louer dignement les princes ses fils ; héritiers de la bonté, de toutes les vertus de leur père. Ce vénérable vieillard, le prince de Condé, aurait rappellé à ma mémoire comme à mon crayon ce grand homme, qui lui a legué d'âge en âge, son nom, ses vertus belliqueuses et son amour pour les lettres. Son fils, père infortuné, m'eût rappellé un crime !...., mes larmes eussent sans doute coulé, et mon ouvrage en fût peut-être resté là..... je n'eus pas le temps de terminer ce tableau. Un vieillard à cheveux blancs, qui avait l'air respectable sous tous les rapports, s'était assis à côté de moi sans que je m'en fusse apercu, tant j'étois dans le feu de la composition. Je ne le remarquai que lorsque se penchant, peut-être d'une manière peu discrète, sur mon papier pour y lire ce que j'écrivais, il me toucha légèrement à l'épaule. Je me retournai, rouge d'étonnement et peu satisfait : pardon, monsieur, me dit-il en souriant d'un air franc et ouvert, mille fois pardon d'une indiscrétion dont vous me gronderez bien peu, j'ose l'espérer, si vous me permettez d'en expliquer les motifs. Je viens de voir comme vous l'auguste cortège qui électrise en ce moment tous les cœurs. J'en avais la tête étourdie, le cœur plein des plus doux sentimens; je viens me promener ici pour respirer un peu ; je vois là un particulier qui se démène, qui s'agite et qui même parle tout haut ; car vous parliez très-haut de temps en temps, et j'entendais souvent des phrases entières que vous exprimiez avec une énergie vraiment française, avant de les mettre sur le papier ; moi qui pense comme vous, convenez que cela a dû piquer ma curiosité. Je suis d'abord resté long-temps debout, derrière vous, en me disant : *c'est un auteur, qui chante ses Rois légitimes* ; puis ensuite je me suis placé doucement près de vous, et, ne considérant pas comme un très-grand secret, ce que vous permettiez au premier passant d'entendre, au risque d'encourir votre blâme, je me suis permis de lire quelques mots, agité, je vous l'avoue, de la plus vive curiosité de connaître un morceau dont quelques fragmens m'avaient fait tant de plaisir.

La politesse affectueuse avec laquelle ce vieillard prononça ces mots, m'empêcha de me fâcher contre lui. Je lui répondis seulement avec un peu de froideur : monsieur fait trop d'éloges de quelques légères reflexions jetées là, sans.... sans ordre....—Sans ordre, me répliqua-t-il ? votre tableau des illuminations, d'un feu d'artifice, des *idées sans ordre !* Rendez-vous plus de justice,

M. Ducray - Duminil ? — Comment, j'ai l'honneur d'être connu de monsieur ? — Je me suis trouvé souvent à l'orchestre des Français à côté de vous ; quelqu'un vous a nommé à moi, et je n'ai pu oublier le nom, ni les traits d'un auteur... — Grâce, monsieur, s'il vous plaît ? J'ose vous prier..... — Je n'irai pas plus loin ; mais vous devez, puisque j'avais l'avantage de vous connoître de vue, m'excuser plus que tout autre d'une indiscrétion que je n'aurais peut-être pas commise envers un homme qui m'eût été tout à fait étranger.

Le vieillard souriait en me regardant et comme en implorant sa grâce ;

grâce. Lui garder rancune eût été une injustice de ma part ; je souris à mon tour et lui dis : monsieur, le motif d'une liberté aussi légère m'honore trop pour que j'y trouve quelque chose à redire ; pour vous prouver que je l'oublie entièrement, je suis prêt à vous lire le fragment que j'avais commencé, et à vous en demander votre avis.

Il m'en pria ; je le fis, et, quand j'eus fini, il s'écria : ah monsieur ! que vous avez bien raison de saluer trois fois, mille fois, cet heureux jour qui fera époque à l'avenir chez nos neveux et dans l'histoire ! je n'ai jamais occupé de place auprès de Buonaparte ; il n'a jamais rien fait pour vous non plus ? —Oh, non, monsieur ! et moi je ne lui ai rien demandé. —C'est comme moi ; je m'en serais d'ailleurs bien gardé ! je descends d'une famille de royalistes qui, dès mon enfance, ont gravé dans mon cœur l'amour des Bourbons, et d'une manière inéfaçable. Vous ne croiriez pas, monsieur, qu'il est arrivé à mes ancêtres, et pour cette auguste famille, des évènemens si singuliers, si extraordinaires, que si j'en imprimais le récit, on le prendrait pour un roman et des plus romans encore ! —Un roman ? vous éveillez à votre tour ma curiosité à un point ! —Je le crois bien. Si j'avais eu plutôt le plaisir de faire votre connaissance, je vous aurais prié de rédiger ces aventures, vraiment merveilleuses, en un corps d'histoire; et vous voyez que c'était un motif de plus pour moi tout à l'heure, d'essayer de vous parler, de causer enfin avec vous, desir que j'avais depuis bien long temps.

Je passe sous silence ici les choses obligeantes qu'ajouta cet homme trop poli, je les écoutai à peine; je ne pensais qu'à son roman. Il me donna ensuite quelques notions sur le fond de cette histoire, sur les temps, les lieux, les personnages, et je pensai qu'en effet cela pourrait former un ouvrage fort intéressant, d'autant plus qu'il renfermait une foule de rapprochemens singuliers avec une partie des événemens qui se sont passés sous nos yeux. Il est malheureux, lui dis-je, que tout ce que vous me racontez là ne soit pas écrit, qu'il n'y ait pas des notes..... — Qu'est-ce que vous me dites, reprit-il? tout cela est écrit. J'en possède un vieux manuscrit, de la main même du sir de la Touraille, un de mes ancêtres. Oui, ce sir de la Touraille, fils d'un des héros même de l'histoire, en écrivit tous les détails. Ils me viennent de lui directement de père en fils, et, comme tout cela est du royalisme le plus prononcé, vous jugez quelle peine j'ai eu à soustraire mon précieux manuscrit aux recherches inquisitoriales qui se sont faites en France depuis la révolution ; son double titre d'ailleurs m'aurait perdu : DIEU, le ROI et la PATRIE. *Dieu !* connaissait-on une religion ? *le Roi !* il existait, mais sur une terre étrangère ? et *la Patrie !* elle était devenue le domaine d'un despote. Son nom sacré n'était plus invoqué que dans le silence et au milieu des gémissemens des fidèles amis du roi ; car on n'a une patrie, on ne peut l'aimer que sous le gouvernement paternel d'un Roi légitime, né dans cette même patrie, et qui sache se faire aimer au dehors comme au dedans. La patrie n'est qu'un mot vuide de sens, quand on n'y trouve ni sû-reté, ni bonheur, ni paix, ni justice. Il faut que la société entière contribue à la félicité de chacun de ses membres ; la société alors devient une famille ; le Roi en est le père, et ses enfans vivant comme frères, doivent s'aimer comme frères ; voilà ce que j'appelle une patrie, mais revenons à notre histoire.

« En y refléchissant bien, je crois qu'il n'y a rien à changer à mon manuscrit que quelques mots surannés, quelques locutions antiques, que vous voudrez bien polir et rétablir dans le langage moderne. Si je ne vous eusse jamais connu, je l'aurais fait imprimer tel qu'il est ; j'y pensais tout à l'heure, je me disais : voilà une occasion bien favorable pour mettre au jour l'ouvrage du sir de la Touraille, et faire connaître à nos princes, qui les ignorent sans doute, les hauts faits comme le zèle et le dévouement de mes ayeux pour leur auguste maison !... Chargez-vous de cela, monsieur ? Faites, coupez, taillez, refondez ce manuscrit, mettez-le au jour, et croyez-moi, ayez la noble hardiesse de le dédier à madame la duchesse d'Angoulême ? — A madame la duchesse?... Badinez-vous? Un roman ! Sentez-vous le peu d'importance d'un pareil ouvrage pour oser espérer qu'une princesse de son rang daignera ?... — Ce n'est point un roman, vous dis-je ? et quand c'en serait-un ? s'il est moral, s'il n'offre aucune folie d'amourettes ; s'il est basé sur la religion, l'amour du prince, celui de la patrie ; s'il joint enfin à l'intérêt toute la décence possible et des modèles de vertus héroïques, doutez-vous qu'un roi lui-même ne puisse occuper à sa lecture quelques momens de ses loisirs ?

Tous les genres sont bons, hors le genre ennuyeux.

Notre célèbre abbé Delille a dit lui-même, dans son poëme de l'imagination :

Tantôt un bon roman charme le coin du feu.

Delille dit *un bon* ; car ce

qui est mauvais ne doit pas être lu, pas plus dans le genre de l'histoire, du théâtre, du poëme, etc., que dans celui du roman. Quoi qu'il en soit, ne me faites pas l'injure de donner à mon ouvrage ce nom là, puisque vous paraissez le mépriser, vous qui, j'espère, devriez le défendre. — Je le défends aussi partout où on l'attaque; mais, en raisonnant dans l'hypothèse de bien des gens, je dis qu'un ouvrage pareil est trop futile pour oser se flatter qu'une Princesse daigne en accepter la dédicace. — Je ne vous engage pas à vous flatter que MADAME l'accepte; gardez-vous bien même d'avoir la témérité de lui demander une si haute faveur. Mais, vous qui êtes attaché, par le respect, l'amour et l'admiration, à son auguste personne, on ne peut pas vous empêcher de lui faire hommage mentalement d'un ouvrage moral et fait pour la distraire un moment. Seriez-vous bien embarrassé de tourner à cette auguste Princesse une épître dédicatoire? —Moi, j'écrirais ce que mon cœur me dicte. — Eh bien, vous avez votre crayon, voyons, essayez.

Soudain je traçai les lignes suivantes :

A

SON ALTESSE ROYALE

MADAME,

DUCHESSE D'ANGOULÊME.

MADAME,

Si, dans tous mes précédèns ouvrages, j'ai toujours respecté la religion, la morale et l'ancienne dynastie des descendans de Saint-Louis, *quelle plus belle occasion que celle du rétablissement de votre auguste famille sur le trône de ses ancêtres, pouvait s'offrir à ma plume pour retracer de nouveau mon amour, mon respect pour les* BOURBONS, *et particulièrement mon admiration pour les vertus sublimes de* VOTRE ALTESSE ROYALE! *mon cœur, trop long-temps comprimé, peut se dilater, s'ouvrir sans contrainte. Je revois mon* ROI *légitime! je revois la fille des* SAINTS *et des* ROIS! *je puis écrire tout ce que je pense, et je l'écris!*

Le titre de cette histoire en indique assez l'esprit. Trop certain néamoins de son peu de mérite pour oser espérer que VOTRE ALTESSE ROYALE *perde à sa lecture quelques momens qu'elle saura mieux employer, je n'ai d'autre vœu, d'autre desir, que de l'offrir au public sous les auspices d'une Princesse dont le nom seul est le type de toutes les perfections humaines. La nouvelle* Antigone *que j'ai essayé d'y crayonner, est bien loin sans doute d'avoir le moindre rapprochement avec* VOTRE ALTESSE ROYALE; *mais je serai trop heureux si l'on daigne retrouver, dans mon héroïne infortunée, quelques-unes de vos belles actions, quelques-unes de vos nobles pensées et de vos touchantes expressions. Attendrir de nouveau tous les cœurs au souvenir des longs malheurs qu'à essuyés* VOTRE ALTESSE ROYALE, *tel a été le but de mon travail; la voir adorée de plus en plus par les Français reconnaissans, en sera, pour moi, la plus douce récompense.*

J'ai l'honneur d'être, avec le plus profond respect,

MADAME,

DE VOTRE ALTESSE ROYALE,

Le plus humble, le plus fidèle sujet,

DUCRAY-DUMINIL.

Voilà, monsieur, dis-je à mon inconnu, ce que je mettrais en tête de l'ouvrage, si je ne le regardais pas, je le répète, comme trop futile pour oser l'orner d'une pareille dédicace. — Et moi, je suis persuadé que si MADAME daignait se faire rendre compte de votre livre, d'après la certitude qu'il est des plus moraux, elle aurait l'extrême bonté de vous pardonner votre hardiesse. Tenez, mon cher monsieur, je connais votre manière d'écrire : vous n'avez jamais parlé, dans vos romans, ni de la révolution, ni de Bonaparte, ni même d'aucune espèce de changemens qui sont survenus en France. Vous avez toujours placé vos sujets et vos héros dans des temps reculés, pour vous éviter de les encadrer dans les événemens qui se passaient sous vos yeux, et par conséquent de flatter les idoles du moment, què vous n'aimiez pas. Au contraire, vous avez eu souvent le noble courage de rappeler à notre mémoire les noms chéris de nos Rois légitimes. C'est *Louis XVI* qui fait le dénouement de votre *madame de Valnoir.* Louis XIV agit beaucoup aussi dans *la Fontaine Sainte-Catherine,* votre dernier roman. Vous ne nous avez jamais présenté que des évêques vertueux, des prêtres, des curés respectables. Jamais une satyre, jamais une expression dure n'a coulé de votre plume contre aucune classe de citoyens, lorsque cette classe se trouvait en butte à la calomnie ou à la proscription révolutionnaire ! On a remarqué cela, moi comme tout le monde, et cela vous méritera l'estime d'une cour qui sait distinguer tout ce qui lui est resté fidèlement attaché. On attend de vous, dans ces heureuses circonstances, un ouvrage vraiment national, c'est-à-dire qui respire l'amour des Rois, de la religion et de la patrie : je vous en fournirai les matériaux, et vous travaillerez.

Je regardai avec reconnaissance cet homme obligeant qui m'accablait de trop de complimens, et je lui dis : vous m'y déterminez, monsieur; quand voudrez-vous bien me confier ce précieux manuscrit? — Vous le confier!... Excusez-moi; mais je voudrais vous le lire avant. — Eh bien, prenons jour, chez vous ou chez moi. — Ce ne sera, s'il vous plaît, ni chez vous ni chez moi. Chez vous ou chez moi, on peut être distrait par des domestiques, par des visites. Eh! parbleu (j'ai un peu l'esprit romanesque, comme vous l'allez voir), puisque notre rencontre s'est faite ici, pourquoi ne lirions-nous pas ici même l'ouvrage en question? Il me semble qu'en plein air, sous cette voûte de verdure, dans cette allée silencieuse, cela serait bien plus agréable. Réunissons-nous là, sur ce banc, tous les matins, jusqu'à ce que nous ayons terminé notre lecture; y consentez-vous?

Je vis que mon vieillard était un peu original. Je lui répondis: volontiers, monsieur, puisque cela vous arrange. Mais vous vous donnerez donc la peine d'apporter chaque fois votre manuscrit; car nous ne pourrions pas le lire en un jour? — Qu'à cela ne tienne; je vous l'apporterai chaque fois. Nous nous réunirons à dix heures précises, après déjeûner, et nous lirons jusqu'à midi. Je vous avoue que, dans cette belle saison, j'aime mieux être dehors qu'enfermé. — Eh bien, monsieur, à demain. — A demain, monsieur.

L'inconnu me quitta; et comme sa mise, quoique propre, n'annonçait pas qu'il fût bien fortuné (ses opinions l'avaient sans doute détourné d'occuper des places sous le dernier gouvernement), je pensai qu'il ne jugeait pas à propos de m'indiquer son logement, de m'apprendre même son nom, et je me proposai de ne point le piquer là-dessus de questions indiscrètes. Je me retirai, bien décidé à me rendre le lendemain, et les jours suivans, au rendez-vous qu'il m'avait assigné.

L'HERMITAGE SAINT-JACQUES,

OU

DIEU, LE ROI ET LA PATRIE.

PREMIÈRE MATINÉE

AUX

TUILERIES.

Mon homme arriva à dix heures précises, comme il me l'avait promis. Nous nous assîmes sur le banc de la veille, et je commencai sur-le-champ la lecture du gros manuscrit bien poudreux, bien enfumé, qu'il tenait sous son bras. Voici ce que j'y trouvai.

> Ne vois-je pas une blanche colombe qui sillonne les airs et qui prend son vol vers le ciel ? C'est l'ame du juste qui monte jouir de la béatitude éternelle dans le sein de son créateur.

C'ÉTAIT un dimanche. Les fortes rosées de la fin de septembre faisaient regretter le plus bel été, et déjà des brouillards épais annonçaient, matin et soir, le retour prochain de l'hiver. Il avait néanmoins fait très-chaud toute la journée, et, des nuages noirs, amoncelés, faisaient redouter, pour la soirée, un orage des plus violens. En effet, le soleil à peine a terminé sa carrière que le ciel se couvre entièrement; la nuit la plus profonde enveloppe les objets, et cette nuit est bientôt déchirée par mille éclairs qu'accompagnent les plus terribles éclats d'un tonnerre continuel. Les vents se déchaînent et font entendre leurs longs sifflemens dans les vastes corridors du château de Hautefère, dont les croisées et les portes semblent s'ébranler.

Tandis que le fidèle Landry s'empresse de réparer un oubli en fermant les issues de la bibliothèque, dans laquelle le comte, son maître, avait lu une partie de la journée, la foudre gronde et soudain tombe dans le parc, devant ses yeux. La violence du coup renverse Landry, qui se relève cependant et regarde à travers les vitraux gothiques d'une fenêtre pour examiner si la foudre n'a point causé quelques dégâts. Il n'aperçoit rien et ne pense plus qu'à ses maîtres, que ce coup de tonnerre a certainement effrayés. Il vole au cabinet du comte où il est renfermé avec sa famille. Ce n'est rien, monseigneur, s'écrie-t-il, il n'y a point de dommages; mais, juste ciel! mademoiselle Espérie est évanouie!

Elle revient à elle, répond Isabelle, oui, ma fille reprend ses sens. Landry, sonnez ses femmes?

Le comte, qui lisait et que la chute de la foudre n'avait pas dérangé de sa lecture, se retourne à ces mots, et dit à la comtesse Isabelle, son épouse : Pourquoi, ma chère amie, faire monter ici des femmes timides, dont j'entends les unes jeter les hauts cris dans mon château, tandis que les autres se sont peut-être évanouies comme votre fille? Ne suffisez-vous pas pour prodiguer des soins à notre chère Espérie? elle a tout-à-fait repris connaissance; elle vous regarde avec l'expression de la reconnaissance; elle vous embrasse; elle n'a éprouvé qu'un mouvement de terreur!

O ma mère, s'écrie la jeune Espérie, vous voilà! le tonnerre ne m'a donc pas privée d'une mère chérie! mais avez-vous eu bien peur? — Pas autant que toi, ma fille, répond Isabelle. Ton père n'a pas même quitté son livre. — Oh bien, maman, ce n'est plus rien, je ne ressens plus

rien

rien. Mais cela a réveillé mon grand papa qui dormait.

Le vieux Geoffroy, comte de Rançon, s'était en effet endormi ; mais la chute du tonnerre l'ayant réveillé, il ouvrait de grands yeux et regardait autour de lui d'un air presque insensible. Tout-à-coup il s'écria : Je crains Dieu ! (c'était son juron) j'ai cru que tous les ennemis de notre cher roi Henri bombardaient le château ? — Ne parlez plus de cela, mon père, interrompit la comtesse Isabelle ! vous en avez assez causé, toute la journée, vous et mon mari ; vous savez combien ce sujet fait de peine à mon cher Aldouin. — Je me tairai, reprit le comte Geoffroy, je me tairai, ma chère Isabelle ; mais ta fille va-t-elle mieux ? — O mon bon papa, je n'y pense plus, répondit la jeune Espérie.

Le comte Aldouin ferme son livre,

le pose sur la cheminée et se retourne vers son beau-père : Pourquoi se taire, lui dit-il ? ce sujet est trop important pour qu'on n'en parle pas sans cesse. — Ma fille a raison, répond Geoffroy de Rançon. Cela nourrit vos inquiétudes et vous fait passer de mauvaises nuits. — Mes nuits comme mes jours sont à mon roi, et ses malheurs sont plus grands que les miens. — Hom ! plus grands que les vôtres ! je ne sais pas. Il est libre au moins, ce bon Henri ; mais, vous, vous tremblez, nous tremblons tous à tout moment pour votre liberté, pour votre vie même !

Le vieux serviteur Landry s'écrie : Oh, mon Dieu, c'est bien vrai !

Le comte Aldouin le regarde et lui dit avec fermeté et bonté en même temps : Sortez Landry, et ne laissez monter aucun domestique, à moins que votre maîtresse ne sonne.

Landry se retire en joignant ses mains vers le ciel et en disant tout bas : Le digne homme ! le pauvre homme ! il ne sait pas qu'il est perdu !

Le comte Aldouin répond à son beau-père : Que parlez-vous de ma liberté, de ma vie ? ne sont-ce pas des sacrifices qu'un sujet doit faire à son roi ! d'ailleurs je ne vois pas.... — Ah ! vous ne voyez pas ! vous voilà dans la même sécurité que tantôt, qu'hier, que ces jours derniers ! Eh bien, puisque vous voulez que je parle, je parlerai, je m'expliquerai, je vous dirai tout ce que je vous avais caché jusqu'à présent.

La comtesse Isabelle s'écrie : Ah ciel ! mon père, que savez-vous donc de plus que nous ! si le mal est sans remède, continuez de le taire à mon mari ? — Sans remède, ma fille ? je le crains !.. Mais j'y pense, je ne puis pas m'expliquer devant votre Espérie. — Pourquoi, mon père? Espérie a quinze ans; elle a plus d'intelligence, elle est plus formée qu'on ne l'est à son âge; elle est en état d'apprécier et de taire les malheurs et les secrets de sa famille. N'en sait-elle pas d'ailleurs la plus grande partie? — Mon bon papa, interrompt Espérie, daignez ne plus me traiter en enfant et comptez sur ma discrétion. — Les troubles de ces derniers temps, ajoute Isabelle, tout ce qu'elle voit, tout ce qu'elle entend dire, ont muri sa raison; c'est un second nous-mêmes, on peut tout dire devant-elle. — Ma chère Isabelle, reprend le comte Aldouin, laisse donc parler ton père, et qu'il veuille bien s'expliquer sur ces si grands dangers qui me menacent.

Tout le monde se rapproche de

l'air de l'intérêt et du mystère. Geoffroy de Rançon s'exprime en ces termes : C'est peu que les catholiques vous aient calomnié, poursuivi, vous catholique comme eux, mais qu'ils savent dans le parti du grand Henri IV. Ils veulent votre perte, ils l'ont jurée, et peut-être sont-ils tout prêts à l'exécuter. — Oui, cet Antoine Castagnet, baron de Haut-Castel, ce scélérat qui s'est jeté dans le parti de la ligue pour commettre ses crimes avec plus d'impunité! — Ce n'est pas seulement ce baron de Haut-Castel, mais toute la province est contre vous! la populace même la plus vile vous poursuivrait à coups de pierres, si prudemment vous ne restiez chez vous depuis quinze jours, tant vos ennemis vous ont calomnié aux yeux de toute la Gascogne. On vous accuse, comme vous le savez, d'intelligence avec le Béarnais, ainsi qu'ils appellent Henri IV, et ce que vous ne savez pas, c'est que l'on a persuadé au peuple que vous avez envoyé tous les subsides de la province au roi de Navarre. — Moi? quelle horreur! comment, moi, seigneur de la terre de Hautefère, est-ce que j'ai les subsides de la province en maniement, à ma disposition? Qui peut répandre un pareil mensonge?

Geoffroy de Rançon se courbe un peu et parle plus bas : Qui peut dire cela? un misérable, un monstre que vous avez trop honoré en l'admettant dans votre intimité. — Je ne devine pas..... — Quel est le prétendu ami que vous receviez et qui ne vient plus vous voir depuis deux mois, depuis que les ligueurs de cette province vous ont signalé comme un royaliste?

—Tant de gens m'ont fui dans ce nouveau malheur? — Cherchez bien?.... vous n'y êtes pas? c'est Ranty. — Ranty! — Oui, c'est lui-même, c'est ce receveur général du fisc dans la Guienne, qui vous accuse de cela. — J'ai peine à croire.... — Je crains Dieu, quel homme! écoutez, écoutez le plus abominable complot. François d'O, le surintendant des finances, qui est tout entier à Mayenne, ne vous aime pas. Il se ressouvient que vous l'avez traité autrefois de fripon quand il fit sa tournée dans cette province; il ne vous aime donc pas. Dès qu'il a su que vous aviez des correspondances avec le Béarnais, il a résolu de vous perdre, et qu'a-t-on fait pour cela? En promettant une plus belle place au receveur Ranty, celui-ci a fait passer secrètement à François d'O, tous les fonds, tous les subsides de la province. Ensuite on l'a mis en jugement, comme les ayant détournés à son profit, et, hier, pas plus tard qu'hier, ce misérable Ranty a osé prostester à ses juges que vous l'aviez séduit, gagné, qu'il vous avait remis les fonds de sa caisse, lesquels fonds, vous aviez fait partir, selon lui, la nuit dernière, pour être portés, par un de vos affidés, au camp du Béarnais, qui, dit-on, s'avance vers Paris et manque d'argent. Comme on avait promis ouvertement à Ranty que s'il déclarait ses complices, il ne lui serait rien fait, on l'a mis en liberté, et, dans cette trame, ourdie pour vous nuire, on a été jusqu'à arrêter à dix lieues d'ici, un de vos prétendus agens, porteur d'une faible partie de cette somme, qu'on a rapportée aujourd'hui et montrée en triomphe au peuple sur la place de Cahors, prétendant qu'on allait faire le procès à cet agent. On ne lui fera rien non plus ; cet homme a été gagné, comme Ranty, pour jouer ce rôle. »

Le comte Aldouin réfléchit un moment et s'écrie : quelle œuvre de ténèbres ! — C'est l'œuvre du démon, répond le bon vieux Geoffroy de Rançon. Le peuple a cru tout cela ; il crie hautement dans les rues contre vous, et quelques personnes m'ont assuré tantôt qu'il demandait votre tête à votre ennemi le plus juré, à cet Antoine de Haut-Castel, à qui tout cela donne de furieuses armes pour vous perdre.

Ce scélérat, interrompt Isabelle, ce monstre te poursuivra donc toujours ! ô mon cher Aldouin, faut-il que je sois la cause de la haine qu'il t'a vouée.

Eh ! comment, madame, dit la jeune Espérie ! comment seriez-vous la cause de cette haine mortelle ? — Ma fille, je vais te l'expliquer. Aldouin et vous mon père, croyez-vous qu'il soit indiscret d'apprendre à notre fille l'origine de cette inimitié ? je le répète, elle est pour la raison au-dessus de son âge ; et, tôt ou tard, il faut bien qu'elle sache pourquoi ce misérable Antoine, nous poursuit avec tant d'acharnement.

Aldouin et le vieux comte de Rançon font signe de la tête à la comtesse Isabelle qu'elle peut parler ; Isabelle fait donc à sa fille Espérie le récit suivant :

« Lorsque le comte de Rançon, mon père et ton ayeul, me vit en âge d'être mariée (j'avais alors dix-sept ans, deux ans de plus que toi et j'étais aussi sensée que tu l'es), il me proposa plusieurs partis que je rejetai successivement, ne voulant pas quitter sitôt ma tendre mère, qui existait encore alors. Cependant, ma mère elle-même se joignant à son époux pour me faire entendre que tel était leur vœu, ils donnèrent dans leur château, à Roquamadour, une fête dans laquelle ils réunirent les jeunes gens les plus aimables, les plus titrés de la province, ainsi que leurs pères et mères. Ils m'ordonnèrent alors de fixer mon choix dans la même journée, et de ne le dire, le soir, qu'à eux seuls. Tout le monde savait que le but de la fête était de choisir un époux pour la jeune Isabelle de Rançon; aussi tout le monde, les jeunes gens surtout, s'empressèrent-ils autour de moi; c'était à qui me ferait la cour! j'étais moins éblouie de ces hommages flatteurs que triste et inquiète du changement d'état auquel on me préparait. Cependant il fallait faire un choix, j'avais promis de m'y résoudre; et mes regards se portèrent avec plus d'intérêt sur Antoine de Castagnet, seigneur de Haut-Castel.

» Antoine avait alors vingt-deux ans; il était bien fait, d'une figure très-agréable; il était surtout d'une politesse, d'une galanterie et d'une gaieté peu communes : ayant perdu jeune les auteurs de ses jours, son oncle et son tuteur, le commandeur de Castagnet lui avait fait donner la plus brillante éducation; il était bon musicien, danseur plein de grâces, des plus forts sur l'escrime et le meilleur écuyer de France. Sa noblesse datait du temps des croisades; sa fortune était considérable, tout en un mot en faisait le parti le plus sortable de tous ceux qui s'étaient rendus à la fête dans le même espoir que lui.

» Son extérieur et ses nombreux talens me séduisirent donc au premier coup d'œil, et j'eus soin néanmoins qu'il ne s'aperçût en rien de la préférence que mon cœur lui donnait en secret.

» Le soir, quand tout le monde fut parti, mon père et ma mère, m'ayant prise en particulier, ma mère me dit : Isabelle ! nous t'avons examinée attentivement, ton père et moi, pendant toute la journee, et nous avons remarqué avec peine que ton indifférence a paru s'étendre sur tous les jeunes gens qui ont passé en revue devant toi ; ou tu es bien dissimulée, ou, nous le craignons, aucun d'eux n'a paru mériter de ta part la plus légère attention, cela nous fâcherait beaucoup. Ecoute, Isabelle, tu sais que je suis attaquée malheureusement d'une maladie de langueur qui peut, qui doit même, dans peu de temps, me mener au tombeau !.... L'unique consolation que j'aurais, en quittant la vie, serait de voir ma fille établie. Ton père t'aime tendrement; mais il pourrait se remarier, et je ne veux pas confier le bonheur de ma fille au caprice d'une belle mère; il me serait bien douloureux que, par une tendresse exagérée, pour ne pas me quitter soi disant, tu ne voulusses pas prendre un époux. Nous ne te gênerons point sur le choix; quel qu'il soit, s'il est, par sa naissance et sa conduite, digne de ta main, quand même il n'aurait pas autant de bien que nous, nous te le donnerons. Ainsi donc, ma chère fille, parle librement.... Voyons? nous sommes nous trompés sur ton indifférence?... Aurais-tu distingué quelqu'un? .... Tu rougis! c'est bon signe. Eh bien! ouvre ton cœur à tes bons parens qui te chérissent au delà de toute expression.

» J'avais en effet un pied de rouge sur les joues. Je répondis à ma mère: Madame, si vous n'avez pas deviné l'homme que, d'après vos ordres, j'ai pu distinguer dans la foule, c'est que.... j'ai pensé qu'il était peu décent à une jeune personne, dans une pareille circonstance, de laisser, par une préférence marquée, soupçonner le choix qu'elle avait pu faire; mais, puisque vous exigez une franchise entière de ma bouche, je vous, je.... je vous avouerai que le jeune seigneur de Haut-Castel..... — Antoine?.... il est en effet bien séduisant; mais peut-être est-il le dernier auquel nous aurions pensé. —Oserai-je, madame, vous en demander la raison? — Antoine de Castagnet est un jeune homme bien né. Son père est mort glorieusement les armes à la main, pour sa patrie et son roi. Il aura bien cinquante mille livres de rente.... Mais on dit que son caractère n'est pas des plus aimables. — Oh, il est charmant, ma mère! — Il est charmant, ma fille?... Geoffroy, vous entendez ce mot?.... Au surplus, ce sont des on dit; à son âge, à vingt-deux ans, il est permis d'être un peu étourdi. Il t'a plu, ma fille; ton père et moi, nous consentons à ce qu'il devienne ton époux. Nous aurions cependant préféré que tu eusses jeté les yeux sur son cousin, Aldouin de Hautefère, que tu as vu aussi, et qui est également un cavalier très-bien tourné. Tu ne l'as donc

pas

pas remarqué ? — Pardonnez-moi, ma mère ; il a même dansé deux menuets avec moi, mais.... — Eh bien? — Il est plus âgé que son cousin. — Oh, il a deux ans de plus ! vingt-quatre ans, ou vingt-deux ans, c'est bien à peu près la même chose.... Tu te tais ? Allons, il ne t'a pas plu, je le vois. — Ma mère, le seigneur de Hautefère est sans doute un parti très-convenable. — Il est moins riche que son cousin à la vérité. — Oh, ce n'est pas cela ; mais il est bien froid. A peine m'a-t-il dit quatre mots. — Il est plus réfléchi, plus sérieux, plus mûr. C'est un jeune homme dont on vante partout l'excellent cœur, l'instruction. Il a, assure-t-on, des qualités rares. — Ma mère?... — Je t'entends ; allons, n'en parlons plus. C'est un parti pris, tu seras l'épouse d'Antoine. Le comte ton père va faire savoir au commandeur de Castagnet, qu'il peut te demander pour son neveu. — Oh, ma bonne mère, j'aimerais mieux qu'on ne me demandât pour personne !

» Ma mère m'embrassa, en me répétant les raisons trop puissantes qui la faisaient desirer mon établissement, et en effet, quelques jours après, la demande fut faite avec tous les égards d'usage. Dès lors mon mariage fut décidé.

» Le jeune Antoine venait souvent au château. Quoiqu'il dissimulât de son mieux à mes yeux le fond de son caractère, les deux mots que m'en avait touchés ma mère, me mettaient en garde contre lui. Je me promis de l'étudier. Pendant les préparatifs de notre union, il était toujours des plus empressés, des plus galans ; mais je crus m'apercevoir, par sa conduite envers ses subalternes, et même ses égaux, qu'il me déguisait un grand fonds de vivacité, qu'il portait même jusqu'à l'emportement. Il se faisait servir avec une dureté choquante; ses valets tremblaient à son aspect; les jeunes gens de son âge le voyaient politiquement et sans une grande affection pour sa personne. Il manquait, avec cela, d'esprit et de jugement. Tout en me promettant le sort le plus brillant, s'il parlait devant-moi d'un jeune ménage, de nouveaux mariés de sa connaissance, il avait la maladresse de blâmer les prodigalités de la femme, et son goût excessif pour la parure et les plaisirs. Le mari était à ses yeux un sot, qui cédait à madame, qui n'osait pas lui faire la moindre objection. Eh puis toujours des réflexions malignes sur les femmes. A l'entendre, il y en avait très-peu qui sussent remplir tous leurs devoirs. Il est vrai qu'il terminait toujours ces beaux panégyriques, en plaignant les maris, en s'écriant : Oh, s'ils étaient tous aussi heureux que je le suis ! s'ils avaient rencontré, comme moi, la modestie, la candeur, toutes les vertus réunies ; car, belle de Rançon, vous rendrez votre époux le plus heureux des hommes, et il se fera, à son tour, un bonheur de votre félicité.

» Tout cela ne remédiait pas à ses sots propos, et mon cœur se désenchantait peu à peu.

» Son cousin venait quelquefois avec lui... Combien, en les connaissant mieux, j'appréciais celui-ci. Antoine était brouillon, emporté, médisant, satirique ; Aldouin de Hautefère était doux, modeste jusqu'à la timidité, discret, sensible, silencieux, parlant peu, mais toujours prêt à prendre le parti des absens, si son cousin en médisait, ce qui lui arrivait souvent. Aldouin avait un degré de vivacité convenable à son âge; mais, en général, il était plus réservé, plus froid, auprès de moi surtout. Je remarquais qu'il me regardait souvent avec des yeux pleins de larmes, qu'il soupirait, rougissait, qu'il était en un mot embarrassé devant moi. Si je jetais un regard sur lui, dans ce moment de trouble, il se levait et se retirait en levant les yeux au ciel.

» Un jour, il était si hors de lui qu'en sortant il tomba, s'embarrassa dans son épée, qui se cassa et le blessa à la jambe. En voyant son sang couler, je fis un cri perçant et courus à lui, prête à perdre connaissance. Mes forces m'abandonnèrent à un point que, sans un siége qui se trouva près de lui pour me recevoir, je serais tombée à mon tour sur le parquet. Ma mère, qui était toujours présente aux visites de mon futur et de son cousin, s'écria : Est-elle folle donc, cette Isabelle? quand ce serait pour son prétendu, elle n'éprouverait pas une plus forte révolution.

» Ce mot m'ouvrit les yeux ; je m'aperçus sur le-champ que mon cœur avait changé d'objet, et donnait maintenant la préférence à Aldouin sur Antoine. La blessure de ce dernier était légère : il sortit ; mais je crus remarquer sur sa figure une expression de joie et de bonheur qui me fit trembler sur l'interprétation qu'il pouvait donner à l'excès d'intérêt que j'avais témoigné en sa faveur.

» Antoine n'en fut pas dupe non

plus. Il devint plus sérieux avec moi, et, dès ce moment, il n'amena plus son cousin au château.

» Je n'avais plus le temps de faire des réflexions; mon mariage était fixé pour le dimanche suivant; nous étions au mercredi, et tout était prêt pour cette cérémonie. Je laissai donc aller les choses; mais je regrettais bien de m'être décidée si promptement pour un homme qui paraissait si peu le mériter.

» Le jour fatal arriva. La messe devant être dite par le chapelain de mon père, dans la chapelle de son château, près de Roquamadour, ce château se remplit, dès le matin, de parens des deux côtés, qui devaient y rester huit jours pour y assister à des fêtes sans nombre. Mon père, ma mère étaient fiers de moi; j'étais parée; je recevais des complimens de tous les côtés ; on n'attendait plus que le marié. . Il se présente enfin ; mais dans quel équipage ! en veste de chasse, tout botté, et couvert de sueur. Il était allé, disait il, faire des emplettes ; mais, au lieu d'un bon cheval qu'il avait demandé à son valet, *ce maraud* lui en avait donné un si mauvais, que cela l'avait retardé. Il était d'une colère !... Au lieu de me parler, de répondre à son oncle, à mon père, à nos parens, il s'écriait : Où est-il, où est il ce coquin de Comtois à qui j'ai ordonné de se rendre ici avant moi ? Si je le trouve, je le tue pour m'avoir joué un si mauvais tour, un jour comme celui-ci ?

» Il aperçoit par une fenêtre ce malheureux Comtois qui traversait la cour. Il descend comme un fou, l'attrape, et le roue de coups si bien qu'il lui casse un bras. La cour se remplit de de monde ; j'entends murmurer autour de moi : Le méchant ! oh, le méchant jeune homme ! qu'une femme sera malheureuse avec lui !

» Ma mère me regarde, s'aperçoit de mon trouble ; mais, voyant qu'il n'y a plus à reculer, elle cherche à excuser Antoine. C'est une grande vivacité, dit-elle ; mais, ma fille, il faut attribuer cela à l'empressement qu'il avait de se rendre auprès de vous, au chagrin de se voir retardé.

» Je l'écoutais à peine ; mes yeux, ma pensée, tout mon être ne se reposaient plus que sur Aldouin qui était là, et qui, pâle sans doute, et aussi agité que moi, n'en cherchait pas moins à excuser aussi son cousin. J'étais dans un état, dans une indécision surtout que je ne puis exprimer.

» Le calme renaît enfin. Antoine

reparaît tout prêt pour la messe. Il me balbutie quelques mots d'excuse, et nous partons tous pour la chapelle. Tandis que chacun voulait bien admirer ce qu'on appelait mes graces, ma candeur, mes yeux se remplissaient de larmes, et je me retenais pour n'en pas verser un torrent. L'avenir me semblait affreux avec un pareil mari; mais je ne savais comment repousser la chaîne de fer dont on allait me charger!

» Dieu m'inspira cependant; il me donna du courage; car, au moment où le prêtre me demanda si j'acceptais pour époux le seigneur Antoine de Haut-Castel, au lieu de dire *oui*, comme ma mère me l'avait indiqué, je m'écriai, en me levant, NON!

» Rumeur générale.

» Tout le monde m'entoure, Antoine le premier. Chacun me demande la cause d'un refus aussi tardif; j'y réponds en me jetant aux genoux de ma mère: O ma bonne mère! lui dis-je en versant des larmes, comment veut-on que j'épouse un homme assez emporté, assez inhumain pour estropier un malheureux valet? Quel sort réserverait-il à sa femme, s'il s'en croyait contrarié une minute!

» Et j'ajoutai, avec une naïveté digne du peu d'expérience de mon âge: Non, je ne l'épouserai point!... Mais, ma tendre mère, s'il vous faut absolument un gendre, que l'on continue la cérémonie. Voilà son cousin, le seigneur de Hautefère, à qui je donne ma main à l'instant, si vous y consentez!

» Aldouin se jette à mes pieds, jure qu'il m'adorait en secret, et, les mains jointes vers mon père, ma mère, et vers la sienne, il les supplie tous de faire son bonheur en l'unissant à ce qu'il aime!

» Pendant ce temps, Antoine jure, crie, tempête. Pour un vaurien de domestique, dit-il! quand je les tuerais tous, n'en ai je pas le droit? le coquin y perdra le goût du pain!

» Et autres exclamations, signes de l'ame la plus noire et de la plus mauvaise éducation.

» Il veut chercher dispute à mon père, à ma mère, à son cousin, à moi-même..... Son oncle l'entraîne hors de la chapelle, en lui disant: Voilà l'effet de ton mauvais caractère! je t'avais tant recommandé de le cacher jusqu'à la fin. Va-t-en; ne fais point le malheur de cette charmante personne; je m'accusais trop déjà d'avoir cédé à tes instances.

» Tous deux disparaissent.

» Isaure, mère d'Aldouin, s'unit à

lui pour supplier mes parens de combler les vœux de son fils qui lui a confié sa passion. Mon père lui répond : Eh, je crains Dieu ! est-ce que nous avions contraint l'inclination de notre fille ! si elle eût eu plus de confiance en nous, nous n'en serions point arrivés à ce point. Au surplus, voilà un ministre de notre sainte religion, un autel préparé, deux familles rassemblées, tout ce qu'il faut, en un mot, pour faire un mariage. Unissons ces deux jeunes gens, et commençons par la messe ; le notaire viendra après.

» Aldouin et moi, nous étions au comble de la félicité. La cérémonie recommença, et j'eus soin de faire entendre un bon oui, quand on en fut à cette condition de l'hymen.

» Vous devinez, Espérie, que le méchant seigneur de Haut-Castel, dont l'ame est vraiment atroce, n'a pas pu nous pardonner, à Aldouin et à moi, un pareil événement; à son cousin, parce qu'il en est jaloux; à moi, attendu qu'il prétend m'aimer, ce que j'ai de la peine à croire; car l'expérience a prouvé qu'il n'aime rien que sa personne. Nuire est son seul bonheur, sa seule affection. Tourmenter autrui est son unique plaisir. Seigneur d'une terre très-belle dans le Quercy, propriétaire d'un antique château, il en a fait une citadelle où il satisfait toutes ses passions. Il enlève les jeunes filles à leurs parens; on prétend qu'il y en a plus de trente renfermées dans son noir castel. Il pille, il vole, il tue après ceux qu'il a dépouillés; c'est un véritable brigand. Vous allez me demander, ma fille, comment les lois ne punissent pas un pareil monstre. Vous ignorez, à votre âge, que nos provinces, comme toutes celles de France, fourmillent de scélérats qui, parce qu'ils sont gentilshommes et qu'ils ont des châteaux fortifiés, se croyent absolument à l'abri des poursuites de la justice. Ils agissent du moins en conséquence ; c'est un des abus de la féodalité dont les restes pèsent encore cruellement sur des milliers de malheureux vassaux, qui gémissent, comme ceux d'Antoine, des vexations de leurs seigneurs.

» Celui-ci néanmoins était déjà dénoncé, par plusieurs de ses victimes, au parlement de Bordeaux qui se préparait à le décréter de prise de corps. Il a tremblé un moment ; mais pour s'affranchir d'une juste punition, il s'est jeté bien vîte dans le parti de la ligue. Il est actuellement le plus grand ligueur et le plus zélé partisan de Mayenne, à qui, dit-on, il rend les plus éminens services, en lui dénonçant et poursuivant les infortunés calvinistes du midi, dont il fait rechercher, par ses espions, les opinions, et surtout l'état de leurs grands biens, afin de les faire condamner et de les voler ensuite. Voilà l'homme; tel est l'ennemi de votre père, le mien, le vôtre sans doute, et il profite aujourd'hui, pour nous perdre, d'une lettre interceptée. Vous vous rappelez cette lettre que votre père écrivait au grand Henri, en réponse à une de ce bon roi, et pour lui offrir ses services, ainsi que ceux de sa famille; car votre oncle, Roland de Mortagne, son fils Hunold, ainsi que tous nos amis sont prêts à prendre les armes pour le roi; mais en auront-ils le temps! »

Ainsi parla la comtesse Isabelle, et,

après que la jeune Espérie eut fait quelques réflexions, pleines de raison et de sensibilité, sur ce que sa mère venait de lui raconter, le comte Aldouin de Hautefère prit la parole, et dit avec le sang-froid du calme et de la résignation : Vous craignez, comtesse, que nous n'ayons pas le temps de nous armer pour la cause sacrée de notre roi légitime ! et comment l'aurions-nous? Mon frère et son fils sont occupés, en Béarn, à faire de nouveaux partisans pour Henri. Tous nos amis sont dispersés ; moi seul je reste. Cette cruelle fièvre maligne, dont je suis encore convalescent, m'a empêché de fuir ce pays de troubles, de complots, et d'aller déposer mon épée aux pieds de mon roi ! Je suis sous la main de mes persécuteurs, et, d'après ce que vient de m'apprendre le comte, votre père, les dangers que je cours sont imminens. Cet Antoine et ses vils agens peuvent me faire arrêter en ce moment même ; mais comme ils ne peuvent pas m'ôter la faculté de me justifier, Dieu me donnera les moyens de faire éclater mon innocence et de confondre mes calomniateurs. C'est lui qui nous a inspiré, à vous et à moi, la grande, l'utile, j'ose dise *la sainte précaution* que nous avons prise, seuls tous deux, la nuit dernière ! O mon Dieu ! nous te remercions de nous avoir ainsi touchés de ta grace ; c'est un rayon de ta sagesse qui nous a éclairés ! Isabelle ! ma chère Isabelle, avons-nous bien fait ? peut-être ne serait-il plus temps à cette heure !.... si je succombe, comtesse, vous savez ce que vous devez faire. Je n'en dis pas davantage. Quand il le faudra, vous mettrez votre excellent père, votre fille elle-même dans votre confidence; mais que ce soit à la dernière extrémité!.... Pardon, comte de Rançon, si, ma femme et moi, nous vous faisons un secret d'une chose que vous auriez apprise de notre bouche, si les événemens ne s'accumulaient pas autour de moi de la manière la plus effrayante! Que mon sort se décide d'une manière ou d'une autre, alors vous saurez ce dont il est question, et dans ce cas, vous pourrez même être bien utile à ma chère, à mon infortunée Isabelle.

Le comte de Rançon lui répondit: Oh, mon gendre! vous ne m'offensez nullement en ne me mettant point dans votre confidence. Je n'aime pas les secrets; non, je ne peux pas les souffrir. Quand on m'en confie un, je le garde; on me tuerait plutôt que de me l'arracher; mais cela me pèse, me tourmente, m'inquiète. Si un secret regarde l'état, je crains qu'il ne se divulgue et que je ne sois, un jour, compromis, par un parti ou par un autre, pour ne l'avoir pas révélé. Dans ces temps malheureux de factions intestines, qui se multiplient en tout genre, partout, comme dans le sein de Paris, où l'on voit la faction des Seize elle-même s'entendre fort mal avec Mayenne, on court toujours des dangers quand on est dépositaire d'un grand secret. Gardez le vôtre; j'aime mieux ne pas le savoir.... à moins qu'il ne contribue à votre sûreté? — Oh, non, non; ce n'est pas.... ce n'est pas pour ma sûreté.... bien au contraire..... Isabelle sait.... je sens d'ailleurs la force de vos raisons, et je ne veux pas, pour le moment, charger votre conscience d'un fardeau qui lui coûterait... mais, qui vient ici? il me semble que j'avais défendu qu'on entrât sans mes ordres, ou ceux de la comtesse !.... C'est Landry. Il a l'air troublé.

Landry entre, ferme la porte et s'avance sur la pointe du pied. Monseigneur?... — Parle? qu'as tu? — Je n'ai rien, moi, monseigneur. Un pauvre malheureux comme moi peut être royaliste impunément; on ne le persécutera pas comme un grand seigneur. Ainsi je n'ai rien, qu'à cause de vous. — Eh bien, qu'est-ce? — Tout à l'heure, un laquais du baronnet Rémistan a bu bouteille chez le concierge, au Tournebride de votre parc, il a donc bu avec le valet-de-chambre de ce méchant Castagnet, ou Castagnette, comment l'appelle-t-on? — Après? — O monseigneur! vous êtes perdu, si vous ne vous sauvez à l'instant. Ils ont dit tout plein de vilains mots contre vous et que je ne veux pas rapporter; mais le principal, c'est, selon eux, que la populace s'assemble partout dans la ville prochaine et demande votre tête à grands cris.

O mon ami, s'écrie Isabelle, sauvez-vous ?

Oui, monseigneur, reprend Landry, sauvez-vous tout de suite. L'orage est appaisé, les vents sont calmés, l'air est pur et le ciel brille de toutes ses étoiles. Voulez-vous que je fasse mettre sur l'heure les chevaux à la voiture; je vous accompagnerai partout d'abord !

Le comte Aldouin lui répond : Retire-toi, Landry, laisse-moi prendre conseil de ma famille. Dans un moment tu reviendras.

Landry sort en disant : quel sang-froid dans un pareil danger !

La comtesse Isabelle répète à son mari le conseil de se sauver. Voulez-vous, ma chère femme, lui répond le comte, que, par une fuite maladroite, je justifie les calomnies de mes ennemis? Ils ont persuadé au peuple que j'ai pris les fonds des subsides pour les faire passer au roi de France. Si je fuis, le peuple le croira; ce mensonge affreux volera de bouche en bouche, et, comme partout il y a une populace effrénée, des gens égarés m'arrêteront en quelque lieu que je cherche à me cacher. Non, je dois me justifier; par conséquent je reste, et j'attends. — Vous me faites trembler! — Isabelle, donne plutôt du courage à notre Espérie que tu vois fondre en larmes. Ton père aussi me regarde comme s'il ne devait jamais me revoir. Vous me croyez donc tous perdu? mais songez que je suis de la première noblesse du royaume, que j'ai joui jusqu'à présent de la considération et de l'estime générales ; que par conséquent, avant d'abattre une tête comme la mienne, il faut qu'on y regarde à deux fois. — Vous n'ajoutez pas, mon ami, que vous avez beaucoup de fortune, et qu'on vous immolera pour s'en emparer ! — Ne dois-je pas compter un peu sur l'amour que mes vassaux m'ont toujours témoigné. — L'esprit de parti les aveuglera ; ils vous abandonneront. — Pouvez-vous penser que moi, qui ne leur ai jamais fait que du bien !... — Ils vous feront du mal. Ils sont tous de cœur du parti de la ligue. — Je suis cependant catholique comme eux. — Oui ; mais vous êtes l'ami du Béarnais, que les plus basses classes de la société ne peuvent pas souffrir. — Parce qu'on les a séduites, fanati-

sées.

sées. — Ce sera comme il vous plaira; mais je ne me fierais pas à vos vassaux, pas plus qu'à vos propres domestiques. — Ah! Giron! Landry! — Landry, Giron, à la bonne heure. Vous pouvez en citer deux ou trois qui sont sûrs, très-sûrs; mais le reste? Ne savez-vous pas qu'un grand seigneur dans l'infortune a d'autant plus d'ennemis qu'il avait d'amis!... Mais nous perdons du temps en vagues discussions. Voyons, mon ami, que voulez-vous faire?

Le comte Aldouin de Hautefère se lève, et, s'appuyant contre la cheminée, à laquelle il tourne le dos, il répond avec une fermeté stoïque: Non, je ne fuirai pas comme un vil criminel! J'attendrai, et s'il m'arrive malheur, Dieu m'inspirera, Dieu me défendra?

Le bon vieux Geoffroy de Rançon,

qui est prêt à verser des larmes, dit à son tour : mais vous n'êtes entouré que d'ennemis qui veulent vous sacrifier. Quand vous mourrez, quand nous vous perdrons, ce malheur avancera-t-il les affaires du Béarnais, qui s'en consolera dans les bras de quelque maîtresse? — Comme vous parlez, comte, de notre grand roi Henri! Est-il possible que vous ne l'aimiez pas autant que nous le faisons? — Je l'aime sans doute, je suis attaché à sa cause, à sa personne; mais je vous aime pour le moins autant que lui; je chéris ma fille, son aimable Espérie, et, si je vous vois tous souffrir pour votre roi, qui ne peut vous sauver, croyez-vous que cela ne diminue pas de beaucoup l'attachement que je lui ai voué. Vous conviendrez dailleurs, pour justifier ma dernière exclamation, que c'est un homme qui ne songe qu'à ses plaisirs. — Après l'honneur. — Qui fait l'amour à... — après la guerre. — Qui ne fait... — que des heureux. — Qui n'a enfin d'autre devise que... — la gloire et la patrie !... Comte Geoffroy, votre dévouement à ce grand prince n'est pas bien ferme. — Il l'est au moins entièrement pour vous. Et j'en reviens toujours à vous conseiller de vous soustraire à la rage de vos ennemis. — Vous savez ma résolution à ce sujet; je ne puis que vous répéter la même réponse. — Vous pouvez en ce cas mettre votre château en état de défense. Vous avez du monde ici, un nombreux domestique, des vassaux que la cloche du beffroi peut réunir autour de vous : que ces scélérats ne vous aient que les armes à la main ! — Cela ferait-il du bien à ma cause ? Et d'ailleurs quelle place de défense peut résister à une populace effrénée que ma résistance exciterait et persuaderait du crime qu'on m'impute? Je ne veux pas que personne s'expose pour moi. Eh! je ne me pardonnerais jamais la perte d'un seul Français qui aurait péri pour me défendre. — Quelle rare bonté! quelle touchante humanité! — Quand les coups du sort sont au-dessus des forces de l'homme, le sage ne doit point leur résister. S'il succombe, il doit succomber seul, et ne jamais entraîner des infortunés dans sa chute. Mais ne croyez donc pas que je succomberai! Je confondrai bientôt les calomniateurs, tous les Rantys du monde; n'ai-je pas pour moi Dieu et mon innocence; faut-il que je vous répète cela sans cesse?... Mais Landry revient!

Landry accourt, plus pâle et plus troublé que la première fois. Monseigneur, s'écrie-t-il, on voit au loin la route couverte de gens armés, qui portent des flambeaux, des torches allumés ! Cette cohorte va bientôt entrer dans la grande avenue. Elle menace de mettre le feu au château, si elle ne vous y trouve pas. — Elle m'y trouvera. — Point du tout. Cachez-vous, monseigneur. Moi, je monte à la tour, je sonne l'alarme. Tous les paysans, qui vous chérissent, vont vous défendre. Eh, vive Marie ! nous sommes dans la forteresse, nous saurons la défendre. — Sonnez les femmes de la comtesse et de sa fille ; elles vont perdre connaissance.

Landry sonne. L'appartement se trouve à l'instant rempli de tous les domestiques. On donne des soins à la comtesse, à la jeune Espérie, qui ne revoïent la lumière que pour verser des larmes dans le sein de leur époux, de leur père. Le valet-de-chambre Giron entre comme un insensé : Les voilà, dit-il, les voilà !

En effet, on entend le bruit de la multitude qui se précipite dans la cour du château, et la quantité de leurs flambeaux fait pâlir la clarté des bougies qui brûlent dans le cabinet du comte. Tandis que la comtesse, son père et sa fille entourent Aldouin, celui-ci s'écrie : Qu'on ne fasse pas ici la moindre résistance. Je défends à qui que ce soit de prononcer une seule parole. Seul je dois et je veux parler. Comtesse, suspendez vos larmes, et soutenez mon courage au lieu de l'affaiblir. O mon Dieu ! je n'espère plus qu'en toi !

La multitude se précipite dans le cabinet, et pousse des cris de joie en voyant sa victime sans armes et sans défense. Le baronnet Rémistan, digne ami et confident du seigneur de Haut-Castel, est à la tête des furieux. Il se retourne vers eux et leur dit : Le premier de vous qui osera porter la main sur lui, perdra la vie à l'instant. Nous ne sommes point des assassins, mais les ministres de la justice divine et humaine! Aldouin de Hautefère? — Que me veux-tu? — Je viens t'arrêter, et je me réjouis qu'on m'ait chargé d'exécuter cet ordre. — Que t'ai-je donc fait? Quels sont mes crimes? — On te les apprendra. Eh, n'en est-ce pas déjà un énorme que d'être l'ami du Béarnais, de l'ennemi de la religion et du peuple! — Lui, ô mon Dieu! — Allons, suis-nous : de gré ou de force, il le faut.

La comtesse et sa fille jettent des cris perçans; elles veulent faire au comte un rempart de leurs corps; tous les domestiques font un mouvement pour imiter ce dévouement de leurs maîtresses. La comtesse dit à Rémistan : Monstre ! viens donc l'arracher de nos bras !

Rémistan lui répond avec un sang-froid mêlé d'ironie : Voilà des efforts bien héroïques en faveur d'un conspirateur ! Tous ceux qui le défendront, mourront à l'instant. Quant à vous, madame, j'ai ordre de vous arrêter aussi, vous et votre fille. — Quelle horreur, dit Aldouin ! une femme, une enfant ! — Une femme, une enfant partagent les opinions d'un traître, et doivent être jugées comme lui. — O mon Isabelle ! — Ne nous plains pas, reprend la comtesse ; mon cher Aldouin : je suis plus fière de partager tes fers que de gémir au loin sur ta triste destinée. Je suis prête à te suivre... Mais ma fille, Rémistan, dans un âge si tendre encore, que pouvez-

pouvez-vous craindre?... — Il faut qu'elle suive son père et sa mère; ainsi le veut Antoine, le lieutenant, dans cette province, du magnanime Guise de Mayenne! — O ma fille, ma chère fille!

Espérie répond à sa mère : Ne suis-je pas plus heureuse de vivre près de vous dans une prison, que d'habiter un château, seule, tremblante, vous sachant à tout moment sous le fer des bourreaux. Je remercie le baronnet de prévenir mes vœux, en m'accordant une faveur que je lui aurais demandée.

Le baronnet Rémistan réplique : Entendez-vous ce peuple, qui remplit les cours, les avenues, qui vous demande à grands cris, qui m'accuse de la coupable faiblesse que je mets à vous écouter.

La mer agitée n'aurait pas fait plus

de bruit que cette foule de furieux, dont les cris répétés de *Aldouin ? Aldouin ?* semblaient la voix sépulcrale de tous les morts sortant à la fois de leurs tombeaux. — Ils demandent ma tête, dit le comte ? elle n'est point encore en leur pouvoir. Il me sera si facile de prouver mon innocence. — Pour vous en laisser les moyens, réplique Rémistan, on vous permet d'emporter vos papiers ; prenez-les. — Ils sont prêts. — Vous m'attendiez donc ? vous saviez donc que votre crime vous attirerait cette scène ? — Dieu fera voir de quel côté est le crime. Partons.

Le vieux comte de Rançon arrête son gendre, et s'adressant au baronnet, il lui dit : Eh quoi, monsieur, n'avez-vous pas ordre de m'arrêter aussi ? — Pourquoi, monsieur le comte ? vous n'êtes coupable en rien, vous ; vos opinions sont connues ; on sait que vous n'aimez pas le Béarnais, que vous êtes incapable.... — Pardonnez-moi, monsieur, j'aime, je plains le Béarnais, et j'ai, autant que mon gendre, mérité l'honneur que vous lui faites en le traitant comme un ami de ce grand homme. — Monsieur de Rançon, les chefs de la ligue sont justes ; ils n'abuseront point du désespoir où vous plonge le malheur de votre famille, pour punir des mots indiscrets que votre cœur désavoue. On ne confondra point l'innocent avec le coupable. Vous êtes libre, monsieur.

Le comte Aldouin embrasse Geoffroy de Rançon, en lui disant : Soyez libre, mon père ; *usez sagement de votre liberté* (il appuie sur ces mots afin de lui insinuer qu'il en profite pour exciter le zèle des partisans du roi).

Nous nous reverrons, Dieu m'en donne l'espoir. Embrassez aussi votre fille et notre Espérie ; la justice et la providence les ramèneront bientôt dans vos bras.

Le bon vieux Geoffroy presse contre son cœur sa famille désolée. Tous les domestiques du seigneur de Hautefère tombent à ses genoux, en fondant en larmes, en lui demandant qu'il daigne les bénir.

Le baronnet ne lui en laisse pas le temps ; il s'empare de ses victimes, et tous sont déjà dans l'avenue, qu'on entend les sanglots, les cris de douleur des serviteurs du comte qui regrettent le meilleur des maîtres, le plus vertueux des hommes.

Le baronnet n'emmene, avec ses prisonniers, que Giron et Landry, qui se sont offerts pour les servir dans leur prison ; il a refusé à la comtesse et à sa fille une de leurs femmes-de-chambre, en leur disant qu'elles allaient en trouver dans la femme du concierge, et ce refus affligea cruellement, pour sa fille, la décente et délicate Isabelle.

Il n'y avait qu'une demi-lieue du château de Hautefère à Cahors, ville capitale du Quercy; mais que ce trajet fut long et douloureux pour les prisonniers! en outre qu'ils marchaient à pied, dans des chemins que l'orage avait inondés d'eau, ils étaient entourés d'une haie de soldats qui les injuriaient, ainsi que la multitude de factieux qui se pressaient autour d'eux pour les voir, et les empêchaient ainsi de respirer. On les couvrait de boue, et il y eut même un moment où le baronnet Rémistan, qui conduisait la marche seul à cheval, trembla qu'on ne les lui enlevât pour les égorger sur la place. Il eut bien de la peine à repousser les furieux, à doubler sa garde de gens sûrs, et il se plaça au milieu des prisonniers qui eurent alors un plus grand espace et plus d'air. Ceux-ci, accablés de douleur mais résignés, se contentaient de lever, de temps en temps, les yeux au Ciel, et de prier Dieu qu'il soutînt leur courage dans une pareille adversité. Des torches, des flambeaux en grand nombre, éclairaient cette scène douloureuse, et c'est ainsi que le triste cortège entra dans Cahors, au son lugubre d'une vieille cloche fêlée de la tour, qui sonnait minuit.

Malgré l'heure avancée, le peuple était dans les rues, aux fenêtres, et battait des mains, ivre de joie, en s'écriant : *vive Mayenne! à bas les amis du Béarnais!* quand on dit le peuple, on entend les gens gagnés ou fanatisés; car, dans toutes les révolutions, il existe des hommes qui savent distinguer la bonne cause, et ne font des cris, ni des exclamations pour aucun parti contraire. A cette époque, les gens sensés étaient en bien petit nombre à Cahors, comme dans tout le Midi, où la ligue était plus puissante que partout ailleurs.

Il fallut encore là opposer beaucoup d'obstacles aux scélérats qui voulaient massacrer nos malheureux prisonniers. On parvint cependant à les faire entrer saufs dans le gothique bâtiment destiné à leur servir de prison.

C'était une grosse tour, reste d'un vieux château bâti par les Romains du temps que le Quercy faisait partie de la Gaule celtique. Cette tour quarrée, terminée en pointe, était flanquée, dans le haut, de quatre petites tourelles terminées également en pointes ; ce qui offrait à l'œil, à son sommet, cinq aiguilles dont celle du milieu était plus forte et dominait les autres, non en hauteur mais en largeur. Cette tour était assise au milieu d'une vaste cour entourée de hautes murailles crénelées et assez larges pour qu'on pût placer des pièces de canon sur leur plate-forme. Elles en étaient garnies tout autour, en sorte qu'il était difficile d'en tenter l'assaut, d'autant plus que des fossés très-profonds au bas, en défendoient l'approche. On entrait dans la tour par une porte antique, à poterne, si basse et si étroite, qu'il fallait se baisser presque jusqu'à la ceinture. Le rez-de-chaussée offrait le logement du Concierge ; le reste du bâtiment était consacré à des prisons plus ou moins grandes. Un savetier, zèlé ligueur, avait été nommé concierge de cette forteresse, et c'était la femme de ce savetier, nommé Maurille, créature des plus communes, qui devait servir la comtesse et sa fille! Espérie, sa mère et le comte n'étoient pas les seuls prisonniers dans ce repaire. On y avait enfermé plusieurs huguenots que leurs opinions avaient rendus suspects, et dont, au fonds, on convoitait les grands biens; mais le seigneur de Hautefère était le personnage le plus important de la prison; son nom, sa naissance, son poids dans la province, le faisaient regarder comme une espèce de roi qu'on tenait sous les verroux, et il était l'objet de tous les regards, comme de la surveillance la plus stricte.

Si on le traitait cependant avec

plus de sévérité que les autres, on affectait d'avoir pour lui beaucoup moins d'égards, et cela pour l'humilier, pour l'avilir aux yeux de ceux qu'auraient pu éblouir encore son grand nom et sa haute réputation. Comme les ligueurs s'étaient arrogés le droit de former la garnison de cette tour, et que la garde y changeait tous les jours, on avait soin de n'y placer que des factieux les plus prononcés, les plus durs et les plus mal élevés. C'était les gens des plus basses classes de la société, ensorte que ces misérables pouvaient injurier, maltraiter à leur gré les malheureux qu'on leur confiait, et ils ne manquèrent pas de se donner ce plaisir avec les illustres prisonniers de Hautefère. Le comte, sa femme et sa fille habitaient la même pièce ; mais ils ne pouvaient causer ni se communiquer la moindre idée, ayant toujours quatre de ces sbirres qui passaient les jours et les nuits dans leur chambre, assistaient aux repas grossiers qu'on leur servait, jurant, buvant et se grisant même en leur présence.

C'était une gêne affreuse pour nos prisonniers? elle ne dura que huit jours. Le comte obtint qu'il n'aurait plus de gardiens qu'à la porte de son intérieur; mais on lui retira sa femme et sa fille. Le comtesse Isabelle et son Espérie furent logées au second, et eurent seulement la permission de souper avec le comte, de passer, chaque soir, deux heures près de lui, dans sa chambre, sans autres témoins que Landry et Giron. On exigea qu'ils ne pussent se parler qu'en présence de ces deux domestiques, qu'on forçait, après, de rapporter jusqu'aux moindres mots de leur conversation; mais ces serviteurs affidés étaient bien éloignés de trahir leurs maîtres. Ils faisaient néanmoins contre eux quelques fausses dénonciations, afin de se mettre bien dans l'esprit du concierge, des gardiens de la prison et des nombreux espions qu'Antoine y envoyait journellement. Giron et Landry avaient l'air de dénoncer le comte, d'être charmés de son malheur; mais en secret ils le déploraient. Par cette conduite, ils savaient tout ce qui se passait et venaient fidèlement le confier à leurs maîtres.

Quel touchant entretien s'établissait, le soir, entre nos trois illustres prisonniers et leurs deux fidèles agens! Giron, mieux élevé, plus instruit que Landry, leur procurait des livres, des brochures, tout ce qui se disait, tout ce qui s'imprimait contre eux; et le comte, ainsi que sa femme remerciaient la providence d'avoir laissé près d'eux des serviteurs aussi zélés.

Dans une de ces soirées, comme le comte donnait à sa fille des leçons de géographie et d'histoire, tandis que sa mère lisait des livres de piété, Giron leur apprit que les affaires de la Ligue n'allaient pas bien pour elle. Henri IV s'avançait vers Paris, il venait de gagner la bataille d'Arques et ce succès donnait le plus grand espoir à son parti. Tous les lieutenans de Mayenne redoublaient d'activité, et le seigneur de Haut-Castel était, par cette raison, accablé de tant d'affaires, qu'il n'avait pas encore eu le temps de s'occuper de celle du comte de Hautefère. Il tenait son ennemi en prison, c'était tout ce que demandait, pour le moment, le méchant Antoine..... Mais le retard qu'il mettait à faire juger le comte, ainsi que d'autres prétendus criminels d'état comme lui, déplaisait au peuple; on s'assemblait dans les carrefours, on murmurait, tout faisait craindre un mouvement séditieux. —Quel mouvement, s'écrie la comtesse avec effroi!

Giron baisse les yeux et parait dissimuler quelque chose. —Parlez, dites tout ce que vous savez, ou je croirai que le comte court les plus grands dangers? —Madame, répond Giron, vous en courez tous. Si l'on ne juge pas les prisonniers, le peuple menace de se porter dans les prisons, et d'y faire justice sur le champ à sa manière. —Ciel! ô mon cher Aldouin! on souffrirait une pareille horreur! —Que ne peut l'esprit de trouble et de faction qui monte toutes les têtes dans ces temps affreux! on a besoin du peuple ; on l'emploie à des crimes qu'on n'oserait pas commettre ouvertement.

La jeune Espérie se jete à deux genoux sur le plancher en s'écriant : Dieu de bonté, épargne mon père, ma mère, et ne prends que moi pour victime : mes jours me viennent d'eux, qu'ils servent à sauver leurs jours ! Giron ! Landry ! laisseriez-vous égorger votre maître ?

Les deux serviteurs répondent ensemble : il nous perceront de coups avant que d'arriver à ce cœur que nous chérissons plus que la vie !

Le comte leur prend les mains en leur disant, les yeux pleins de larmes : bons et fidèles amis ! les seuls que j'aie trouvés dans mon infortune, ne vous sacrifiez pas pour un infortuné dont on a juré la mort ; la mort la plus prompte, la plus courte, voilà ce qu'il demande, en vous protestant bien qu'il est vivement pénétré de votre généreux dévouement.

Ah! comte, interrompt Isabelle, vous avez bien trop raison de dire que tous vos partisans, vos amis, vos parens même vous ont abandonné. Voilà quinze jours que nous sommes renfermés, et mon père n'a point agi; votre frère, son fils, votre oncle Hatton de la Touraille, votre cousin le seigneur de Taillebourg, on n'entend point parler de tous ces gens là; pas même du fidèle Adalard, ce serviteur si zélé, si dévoué, qui gémit sans doute comme nous dans les fers, et peut-être attend la mort pour nous avoir trop bien servis! — Eh! comment voulez-vous, ma chère femme, qu'on ait de leurs nouvelles! qui est-ce qui peut communiquer avec nous? ne s'exposeraient-ils pas eux-

eux-mêmes s'ils faisaient la moindre tentative pour nous sauver !....

Giron ajoute : Tous les papiers qu'on aurait l'imprudence de vous adresser, seraient interceptés. Un gros paquet, de lettres sans doute, a été saisi hier sur un particulier qui cherchait à me les faire parvenir. Le concierge Maurille les a lues d'abord; puis il les a envoyées au sire de Haut-Castel; on prétend qu'on vous y donnait des renseignemens bien utiles. — Les imprudens qui ont écrit cela ! ils se seront compromis pour moi, voilà mon seul chagrin dans la perte de ces lettres.

La comtesse interrompt : Vous m'avez fait frémir, Giron ! si la populace effrénée se portait ici, menaçait la vie du comte ! oh, ma fille, que deviendrions-nous !

Elle fond en larmes. Espérie en répand aussi de bien amères, et répond: Qu'ils me tuent donc la première pour que je ne sois pas témoin d'un spectacle aussi affreux! mon Dieu! est-ce que l'innocence et le malheur n'excitent plus votre généreuse pitié!

Le comte réplique : Ces paroles approchent du blasphême, ma fille! Dieu ne peut abandonner le malheur et l'innocence. S'il permet quelquefois que le juste succombe, c'est qu'il entre dans ses vues impénétrables de l'attirer vers lui, de le retirer de cette terre de calamités pour le faire jouir plutôt du bonheur et du repos éternels. Le vil assassin, qui a sacrifié cet innocent, accumule ainsi la masse de malédictions, de réprobation qui doit peser un jour sur sa tête coupable. Dieu ne touche point de sa grace un scélérat tel qu'Antoine. Antoine ne peut lui inspirer assez d'intérêt pour qu'il daigne arrêter son bras prêt à commettre un homicide. Le Tout-Puissant se contente d'ouvrir son sein à l'innocent frappé, afin de le dédommager d'avoir vu abréger sa vie mondaine, en se hâtant d'avancer son entrée dans la vie céleste, qui ne doit plus finir pour lui! Un si beau sort n'est-il pas à desirer!

Il imprime le baiser paternel sur le chaste front de sa fille, et continue : Mon enfant, ma chère Espérie! si tu me perdais, il te resterait une mère. Je ne suppose pas que ces bourreaux.... si cependant ta malheureuse mère ne pouvait me survivre, tu ne serais pas seule encore! Dieu te servirait de père; il répandrait sa bonté, protectrice de l'orphelin, dans le cœur de ton oncle, de quelqu'un de tes parens, qui t'aimerait comme nous, te servirait de guide, d'appui, de consolation. Promets-moi d'oublier le crime qui t'aurait privée des auteurs de tes jours? — Moi, vous oublier!... — Je ne dis pas cela; je ne te défens pas de nous consacrer de justes regrets; ah! ta vie entière en serait abreuvée!... Mais pardonne à nos ennemis, aux tiens? Si le hasard te procurait jamais le pouvoir nécessaire pour les punir, pour te venger d'eux, ah, n'exerce point ce funeste pouvoir? qu'ils connaissent, seulement par l'excès de ta générosité, l'étendue de leur crime, et qu'ils soient forcés ainsi à la reconnaissance. Fais m'en le serment solennel, ma fille, devant ce crucifix où tu vois l'image de notre Sauveur qui a bien plus cruellement souffert que nous! il pardonna à ses ennemis, faisons comme lui; oh! qu'il est noble, qu'il est glorieux d'imiter l'exemple de Dieu lui-même!

Espérie hésitait: Mon père, dit-elle en sanglottant, vous perdre serait pour moi le coup le plus affreux, et.... pardonner!... — Je le veux, ma chère fille; le pardon des injures est la vertu du chrétien; joins donc cette vertu là à toutes celles qui ornent déjà ton ame si belle. — Mon père l'exige?... O mon Dieu! si ta haute sagesse avait décidé que ce fût-là sa dernière volonté!.... ne dois-je pas m'empresser d'y souscrire.

La jeune Espérie prononça ce serment sacré, et Dieu, qui n'écoute que les ames pures, le reçut dans le ciel.

L'heure funeste de se séparer se fit entendre à la grosse horloge de la forteresse. Des sbires, ivres, déguenillés, entrèrent, conduisirent la comtesse et sa fille à leur triste prison, et le comte se livra à la lecture, ainsi qu'il avait coutume de le faire lorsqu'il était obsédé de la présence de ces misérables auxquels il se gardait bien d'adresser une seule parole.

Mais ceux-ci ne se gênaient pas pour lui parler, pour le railler même et lui donner jusqu'à des sobriquets insultans. Ils affectaient de l'humilier, de lui prédire de plus grands malheurs, de l'affliger enfin de toutes les manières. Le comte Aldouin, fort de sa conscience, méprisait leur audace et se contentait d'espérer en Dieu.

Le lendemain, au point du jour, on annonça à la comtesse Isabelle, que, par une faveur extraordinaire, il lui était permis de déjeûner avec sa fille, dans la chambre du comte. Une grace aussi inattendue fit frémir la comtesse au lieu de la charmer. Un funeste pressentiment lui fit redouter que cette entrevue ne fût consacrée à des adieux éternels, qu'on n'arrachât, ce jour même, son époux de ses bras. Elle descendit néanmoins, accompagnée de son Espérie, et trouva son mari aussi étonné qu'elle de cette réunion, la première qu'on leur eût permise à cette heure. On ne les laissa pas seuls; les sbires restèrent, épiant leurs moindres mots, jusqu'aux plus insignifians de leurs gestes. Une joie féroce éclatait dans leurs regards; il semblait qu'ils méditassent un crime nouveau, ou qu'ils en attendissent un favorable à leurs projets.

Cela n'était que trop réel. Des cris perçans s'élevèrent au dehors; une foule immense parut se précipiter vers la forteresse, puis dans les cours, et enfin dans les escaliers. On entendait plusieurs voix qui disaient : Est-ce par ici? le traître Aldouin est-il de ce côté?

Tandis que la comtesse et sa fille serraient le comte dans leurs bras, en versant des pleurs d'effroi, le comte, fortement ému, dit à ses gardes : Quel est ce bruit ? que me veut-on ? vient-on pour m'assassiner ? est-ce là la justice que sait rendre Antoine ?

Comme il prononçait ces mots, il vit, à travers les barreaux de sa croisée, une tête toute sanglante qu'on promenait, au bout d'une pique, devant cette croisée, et il entendit qu'on lui criait : *Aldouin ? voilà le sort que tu vas subir !*

A cet affreux spectacle, la comtesse et sa fille perdirent connaissance, et la femme du concierge Maurille vint encore les brusquer, en leur donnant quelques vains secours.

Le comte, persuadé qu'il touchait à son dernier moment, tomba à genoux et se mit en prières.

Tout

Tout-à-coup on enfonça la porte. Deux troupes de furieux, opposés les uns aux autres, entrèrent en se battant, en s'injuriant. A la tête d'une de ces troupes était le baronnet Rémistan, qui s'écriait, en s'efforçant de repousser un parti contraire à ses vues : Entendez-vous que Dieu, Mayenne et son lieutenant Antoine vous défendent d'égorger Aldouin? redoutez leur colère, vils assassins, si vous ne vous retirez pas!

Le baronnet réussit à les repousser; mais deux de ces monstres, tournant derrière lui, frappent d'un fer aigu le malheureux Aldouin, qui n'a que le temps de s'écrier : Ma fille! je te bénis. Ne venge jamais ton père!

Il meurt percé de coups!...

La comtesse venait de recouvrer ses sens; elle retombe plus que jamais privée de sentiment. La jeune

Espérie, revenue également à elle, se jette sur le corps inanimé de son infortuné père et l'arrose de ses larmes en poussant des cris perçans.

Le baronnet était désespéré de n'avoir pu contenir la rage des furieux, non qu'il portât le moindre intérêt à celui qu'on venait d'assassiner si lâchement; mais son maître et lui voulaient qu'il périt légalement, c'est-à-dire, par leurs lois et devant leurs juges, afin d'en faire, aux yeux du peuple et des amis de Henri, un grand exemple, le seigneur de Hautefère étant un gentilhomme de la plus haute considération. Antoine et Rémistan sentaient que leur ennemi n'était pas jugé, mais égorgé, et que, par la suite, on pouvait leur faire un crime de cet attentat. Grand Dieu! qu'est-ce que c'est donc que l'anarchie, puisque ses chefs eux-mêmes n'ont pas le pouvoir d'en arrêter les désordres !

Le comte n'était plus ; la rage de ses bourreaux était assouvie ; ils se retirèrent dans le même tumulte, pour aller faire subir un sort pareil à tous les autres prisonniers de la forteresse. Ils se seraient de même jetés dans la ville, dans les maisons de particuliers à eux suspects, et qu'ils auraient également fait périr, s'ils n'eussent été arrêtés tout-à-coup par une espèce de phénomène. Toutes les cloches de la ville font entendre, d'elles-mêmes, un tintement funèbre, et des sifflemens aigus paraissent sillonner les airs. Les factieux sont à l'instant tellement terrifiés, que les gardiens de la forteresse se sauvent à toutes jambes et en laissent ainsi les portes ouvertes. Il eût été des plus faciles à la comtesse et à sa fille de se sauver ; mais leurs forces étaient anéanties, et, elles ignoraient d'ailleurs qu'elles en avaient la faculté. Elles étaient seules, étendues sur le plancher, serrant dans leurs bras le cadavre inanimé du comte dont les plaies saignaient encore. Le concierge Maurille savait si bien ce qui devait se passer, que, dès la pointe du jour, il avait renfermé les fidèles Landry et Giron, afin qu'ils ne pussent pas prêter des secours à leurs maîtres.

La comtesse et sa fille, toujours seules, appelaient à grands cris ces excellens serviteurs, lorsqu'à leur grand étonnement, elles virent entrer sept à huit hommes, dont les figures étaient couvertes de longs voiles noirs. Ces hommes, silencieux d'abord, entonnèrent à demi-voix des cantiques pieux ; puis, chargeant le cadavre du comte sur leurs épaules, ils l'emportèrent religieusement sans écouter les prières des deux dames et sans leur répondre.

La comtesse et sa fille leur crièrent envain : cruels, laissez-nous au moins ces restes précieux, laissez-nous les baigner, encore quelques momens, de nos larmes !....

Elles voulurent se lever, courir après ces inconnus ; mais leurs forces les trahissant toujours, elles retombèrent à la même place et ne purent que pousser envain de nouveaux gémissemens. Elles entendirent, comme tout le monde, le tintement unanime et continuel des cloches de la ville, ainsi que les sifflemens aigus des airs. Elles s'imaginèrent que c'était un miracle de Dieu pour avertir les assassins qu'ils seraient bientôt punis de leurs forfaits ; elles tournèrent soudain toutes leurs pensées vers la religion. Ma mère, dit Espérie, c'est plutôt l'ame de mon père qui entre dans le ciel et qui cause ces prodiges! les saints, les anges se réjouissent à la vue du juste qui va recevoir sa récompense éternelle. Mon père est dans le sein de Dieu! Oh! qu'il daigne me protéger, me conserver ma mère surtout, cette mère adorable, adorée, maintenant mon unique bien sur cette terre de calamités!

Elle finissait à peine ces mots, lors qu'on entendit un nouveau bruit se propager dans les escaliers et sous les longues voûtes de l'antique forteresse. C'était les gardiens et les soldats de la tour qui y rentraient, revenus de leur stupeur; car tous les phénomènes avaient cessé. Les gardes accoutumés de nos prisonniers reparurent dans la chambre du feu comte, et, s'emparant des deux dames, ils les portèrent, pour ainsi dire, dans leur prison habituelle. Loin de répondre à leurs reproches, à leurs questions, au lieu, en un mot, de les consoler, ces misérables causaient tout haut entr'eux, et leur conversation était bien propre à accroître encore la douleur de nos deux affligées.

Sais-tu, dit l'un à son camarade, qui a enlevé le corps de ce vil ami du Béarnais ? — Eh ! pardi oui, c'est de l'ordre du seigneur de Haut-Castel. On va brûler ce cadavre dans la place publique pour en jeter ensuite les cendres au vent. On dit qu'on mettra sur le bûcher cette inscription : IL FAUT PERDRE JUSQU'AUX TRACES DES MÉCHANS.

A propos, réplique le premier garde, sais-tu que notre concierge a été tué dans cette bagarre ? — Le bon Maurille ? Voilà un maître ivrogne de moins ! et qui donc l'a tué ? — On ne sait. Il se sera introduit de faux frères parmi nous : sa femme ne le regrette pas, vas ! elle est toute prête à s'en consoler. — Oh ! il a péri beaucoup des nôtres, il s'est trouvé là quelques partisans du comte ; ses deux domestiques, par exemple, qu'on dit tués aussi. J'en viens de voir un toujours, étalé sans vie là haut dans le corridor du donjon ; je ne sais pas où gît l'autre. — Grand Dieu ! s'écrie la comtesse, et lequel avez-vous vu, monsieur ?

Celui qui venait de dire cela se contenta de jeter un regard de mépris sur la comtesse et de hausser les épaules sans lui répondre.

La comtesse et sa fille ont donc un nouveau regret à ajouter à ceux si douloureux, qu'elles ont déjà. Est-ce Landry ? est-ce Giron ? mais tous deux n'existent plus, dit-on, ils sont allés suivre leur maître dans le séjour des bienheureux.

Isabelle et son Espérie passent une journée, une nuit affreuses, et, pour ajouter à leurs justes chagrins, le baronnet Rémistan se présente, le lendemain matin, chez elles; il a la fausseté dans les yeux et le mensonge sur les lèvres : « Comtesse de Hautefère, dit-il à Isabelle, vous n'accuserez pas sans doute le seigneur Antoine, ni moi, ni aucuns des chefs de la ligue dans cette province, de l'évènement qui vous a privée, hier, de votre époux? c'est la justice du peuple, qui est plus forte que celle des Rois, parce que Dieu lui-même la guide; des juges sont lents à prononcer sur le sort d'un coupable, le peuple est plus expéditif, et c'est un torrent qu'on ne peut arrêter. Vous avez vu d'ailleurs que j'ai fait tous mes efforts pour empêcher ce malheur : à la première nouvelle de la sédition, j'ai couru, à la tête de mes gardes jusqu'à cette tour, dont les portes étaient déjà brisées. Le peuple y affluait, et j'ai eu mille peines à me faire jour jusqu'à la prison du comte, où ma prudence et la valeur de mes soldats n'ont pu arrêter les bras furieux qui lui ont arraché la vie. Le seigneur de Haut-Castel en est au désespoir ; il regrette la fin tragique d'Aldouin, et, comme il était catholique, quoique l'ami des huguenots, Antoine se propose de faire rendre à ses restes tous les honneurs funèbres ; c'est vous prouver assez que la fureur du peuple a tout fait seule ! »

Aujourd'hui je suis chargé encore d'un nouvel ordre qui va vous affliger. Triste devoir ! pourquoi faut-il que je te remplisse !..... vous pleurez, comtesse ? vous m'écoutez à peine ?

ce que j'ai à vous dire est pourtant bien sérieux !.... —Parlez, monsieur ; après le coup d'hier, tous ceux qu'on pourra me porter me seront bien indifférens ! — Eh bien, madame, comme le séjour de cette prison, en nourrissant votre tristesse, pourrait altérer votre santé, je suis chargé de vous conduire, à l'instant même, dans une maison plus sûre, en même temps que plus saine et plus agréable. —Prison pour prison tout me devient égal.

Espérie interrompt en sanglottant : est-ce qu'on ne rend pas la liberté à ma mère, monsieur ? vos vœux sont comblés, vous avez égorgé l'innocent : en supposant que vous le regardassiez personnellement comme votre ennemi, ma mère ne l'est point ; ma mère ne peut avoir commis de prétendus crimes politiques. Que tarde-t-on à briser ses fers ? votre vengeance est assouvie. —Jeune fille, répond le baronnet, ce n'est pas à vous à interroger ici, et je ne dois pas vous répondre. Que votre mère obéisse à mes ordres, et qu'il vous suffise de savoir que vous ne la suivrez point dans son nouvel asile. —*Je ne suivrai point ma mère! — On me sépare de ma fille!* Tels sont les cris que font entendre ensemble les deux infortunées prisonnières!...

Le baronnet s'adresse à Isabelle: votre fille, madame, restera ici jusqu'à ce qu'on la rejoigne à vous, ce qui ne sera pas long.

ISABELLE. Ma fille, ma chère fille!

ESPÉRIE. Moi, vivre sans ma mère; plutôt mourir!

ISABELLE. Quel est le barbare qui a pu donner un ordre semblable?

RÉMISTAN. Madame, il faut que je l'exécute à la lettre.

ISABELLE. Monstre! dans un pareil

moment ! c'est nous frapper de tous les coups !

RÉMISTAN. Gardes, qu'on les sépare !

ISABELLE. Mon Dieu ! que va devenir mon Espérie !

RÉMISTAN. Vous la reverrez. Gardes, obeissez à votre chef.

Des soldats féroces arrachent Isabelle des bras de sa fille que d'autres mercénaires contiennent. La malheureuse Isabelle est portée, presque sans vie, jusque dans une litière exactement fermée, d'où elle entend les cris aigus de sa fille. Des mulets entraînent cette prison d'une nouvelle espèce, entourée de gardes et d'une nombreuse populace qui, sachant qu'elle porte la femme d'Aldouin, donne des signes d'une joie aussi immodérée que barbare.

Ainsi cette veuve infortunée perd à la fois et son époux et son enfant !

Suivons la comtesse, et voyons ce que c'est que cette maison, *plus saine*, dit-on, et *plus agréable*, dans laquelle on la conduit ; mais on a ajouté aussi que cette maison était *plus sûre*. Qu'entend-on par ces mots? Y a-t-il rien de plus sûr qu'une forteresse, une vieille tour bien grillée, entourée de hautes murailles et de fossés pleins d'eau ! c'est donc une prison plus étroite encore, s'il est possible, que l'on destine à la veuve d'Aldouin !.... Hélas ! cela n'était que trop vrai.

A deux lieues de Cahors, sur la droite de Corjac, était situé le vaste château du seigneur de Haut-Castel, ainsi nommé, parce qu'en effet ce castel était le plus vaste et le plus antique de la province ; il en était aussi le plus élevé, attendu que, du temps des Romains, on l'avait assis à mi côte, sur cette chaîne de hautes montagnes qui prennent naissance dans le Quercy et vont s'étendre dans le Rouergue, à gauche de Villefranche. Les domaines d'Antoine étaient immenses autour de son château, et, comme il s'était arrogé le droit de Haut-Justicier, ainsi que le faisaient, dans ce temps-là, en dépit des parlemens, plusieurs autres seigneurs aussi scélérats que lui, il avait dans son château des prisons et une chambre de justice qu'il présidait lui-même. Ses prisons étaient pleines, comme on l'a déjà dit, de ses vassaux, qu'il y renfermait, non pas seulement sur des délits, mais sur de vains prétextes. Là gémissaient aussi de douces colombes qui, enlevées à leurs familles, ne voulaient pas se prêter à ses desirs brutaux. Véritable Sultan, il avait un sérail; mais il traitait ses femmes bien plus mal que le chef des Croyans.

C'est dans ce repaire du crime que l'on porta mourante la comtesse de Hautefère ; on la plonge dans un sombre cachot, où on ne lui donne pas même une femme pour la servir. Au contraire, deux satellites, deux des bourreaux de son mari, couchent dans sa chambre, y passent aussi le jour, et la gênent ainsi dans les soins qu'elle voudrait prendre de sa santé. Dès lors, en s'appésantissant de nouveau sur la cause des persécutions qu'elle éprouve, elle se voit perdue! Comme elles sont douloureuses les réflexions qu'elle fait sur sa fille! car elle ne peut que réfléchir, elle n'a auprès d'elle personne à qui parler. Ah! sans doute, se dit-elle, la candeur, la vertu, l'innocence sont condamnées au même supplice que moi!

moi ! Que devient ma fille, si les règles de la décence ne sont pas plus observées à son égard qu'au mien ? pauvre Espérie, qu'as-tu fait à ces méchans ! quoi, ta beauté, ta jeunesse ne les désarmeront pas ! existe-tu encore, ô ma fille ! la douleur n'a-t'elle pas desséché cette fleur à peine épanouie ? mais tu honores Dieu, tu espères en lui ; la religion te soutiendra, ma chère fille ! elle te donnera le courage, la patience nécessaires pour résister au désespoir, et nous nous reverrons par la suite dans un monde meilleur..... Misérable Antoine ! il te faut donc toute une famille pour victimes !

Comme elle termine cette exclamation, sa porte s'ouvre et elle voit entrer le seigneur de Haut-Castel lui-même, accompagné de Rémistan, son digne favori. Celui-ci ordonne aux gardiens de la chambre de se retirer un moment, et les deux méchans restent avec l'infortunée comtesse.

Quoique le front d'Antoine annonçât la dureté et la brusquerie, il parut néanmoins surpris de l'état de dépérissement dans lequel il la trouva: Isabelle, lui dit-il en s'asseyant près d'elle, vous avez éprouvé bien des malheurs depuis quelque temps. Il m'en coûte de vous le dire, mais vous seule vous les êtes attirés. — Moi, monsieur le baron? Quelle faute ai-je commise, s'il vous plait? — Une seule, mais irréparable, et qui vous a conduite dans cet abîme d'infortunes. — Je ne la connais pas. — Oh, vous devez vous la rappeller : au lieu de suivre les vœux de vos parens, des miens, au lieu de répondre à l'amour violent que vous m'aviez inspiré, vous me trompez jusqu'au dernier moment, vous laissez commencer une cérémonie qui devait faire à jamais notre bonheur à tous deux, et, au moment le plus saint, le plus important, un refus cruel sort de votre bouche. C'est au pied des autels même que vous vous parjurez! que vous me préferez un rival odieux! Isabelle, vous ressouvenez-vous maintenant de cette faute? elle fut grave, et vous en éprouvez aujourd'hui les suites, la trop juste punition. —Pourquoi avoir conservé tant de ressentiment d'une chose si naturelle? je n'étais pas encore votre épouse; jusqu'à ce *oui* fatal, j'étais libre de mon choix; j'ai dû le déclarer hautement pour éviter de faire votre malheur et le mien; car je ne vous aurais jamais aimé. —Je sens qu'en effet un mauvais citoyen, un traître à sa patrie était bien préférable à un ami des lois et de la religion ; tel que je me flatte d'être. — Antoine, n'insultez pas, en ma présence, aux mânes d'une victime que vous avez immolée à votre jalousie ; le traître de vous deux n'a jamais été Aldouin. — Comment, cet homme n'a pas trahi son pays en livrant notre or au Béarnais? — Méchant ! vous savez aussi bien que moi que c'est une calomnie. — Une calomnie, Rémistan? on n'en a pas les preuves, n'est-il pas vrai? Au surplus, il n'avait qu'à se justifier s'il le pouvait? — Vous savez bien encore qu'il n'en a pas eu le temps, puisque vous l'avez fait assassiner !

Antoine de Haut-Castel se lève, fronce le sourcil et répond : voilà deux fois, madame, que cette indigne accusation sort de votre bouche ; elle pourrait exciter ma colère si vous la répétiez encore. Rémistan vous a prouvé qu'on s'était envain opposé à l'émeute dans laquelle il a perdu la vie. Si j'ai la franchise d'avouer que j'ai peut-être participé à sa mort, ce n'est que par bonté et par indulgence pour lui ; je voulais le sauver, et, dans cette intention, je gagnais du temps, je prolongeais sa détention, je résistais aux mille voix qui me demandaient journellement sa tête. Le peuple, indigné de mes retardemens, et m'en accusant tout haut, d'une manière dangereuse même pour ma propre sûreté ; le peuple, qui était aussi convaincu que moi de son crime, s'est fait lui-même justice. Je la respecte, tout en la désavouant ; mais il eût succombé de toutes manières, et il eût péri sur un échafaud, ce qui eût été plus déshonorant pour sa famille, pour la vôtre, et pour votre jeune fille ! — Ainsi vous l'aviez condamné d'avance ! mais puisque vous parlez de ma fille, daignez me dire pourquoi vous la tenez aussi prisonnière dans la tour de Cahors ? — Elle est coupable, comme vous. — Elle est ?.... moi-même, je serais coupable ? — Oui, madame, vous l'êtes ; on vous dira en quoi .... Cependant, Isabelle, il vous reste un moyen de me forcer, vous et votre fille, à la clémence. Je puis vous sauver, ou vous perdre toutes deux ; vous savez que je suis assez puissant pour cela, et nous n'avons pour témoin que cet ami fidèle (*montrant Rémistan*) ; je vais donc vous ouvrir mon cœur.

Il se rasseoit et se rapproche d'Isabelle à qui il veut prendre une main qu'elle retire. Ce cœur, continue-t-il, ce faible cœur est toujours à vous ;

il n'a cessé de brûler pour vous. Il ne tient donc qu'à vous de répondre à sa tendresse et d'accepter le titre de mon épouse. —Moi, vous épouser? —Je vous suis resté fidèle, je ne me suis point marié. Eh! quelle autre femme aurais-je pu aimer, après vous avoir adorée! dites un mot; je vous épouse et je marie votre Espérie à mon neveu, le plus aimable jeune homme et l'un des meilleurs officiers de l'armée du duc de Mayenne.

Isabelle est révoltée de cette proposition. Eh quoi, lui dit-elle, en cherchant à surmonter l'excès de son indignation, vous épouseriez, vous prendriez ouvertement pour votre femme la veuve d'un traître, que vous accusez d'avoir conspiré elle-même? mais cela vous déshonorerait, vous ferait perdre tout votre crédit dans le parti des ligueurs que vous avez embrassé si chaudement, après avoir été comblé des bienfaits de Jeanne d'Albret et de son fils Henri. —Vous prenez trop de soin de ma réputation, de mon crédit, madame! vous n'ignorez pas qu'un homme comme moi ne connaît point de frein, qu'il n'a de compte à rendre à qui que ce soit, et qu'il est assez puissant pour légitimer jusqu'à un crime, s'il osait le commettre. Acceptez ma main, et laissez-moi me charger seul des suites qui pourraient en survenir!

Isabelle ne se possède plus : ainsi, tyran, lui dit elle, tu égorges le mari pour t'approprier la femme! tu mets la vie de cette femme, celle de sa fille, à l'horrible condition de t'appartenir! plutôt mourir mille fois qu'être la femme d'un monstre tel

que

que toi ! — Cette fureur ne m'intimide pas, madame. Elle me prouve que vous n'êtes pas encore assez punie d'un premier refus, puisque vous y persistez. Il faut que vous souffriez davantage. Quand le malheur, l'esclavage et le plus entier dénuement auront amorti cette fougue de l'âge et de l'emportement, vous me jugerez moins sévèrement ; vous me demanderez alors, comme une faveur, ce que votre orgueil vous fait rejeter aujourd'hui avec le dédain le plus insultant. Je vais vous y laisser réfléchir pendant tout cet hiver ; après quoi, nous verrons, dans le temps, si vous vous serez rendue digne du parti honorable que je vous propose.

Etait-il insolent, ce seigneur de Haut-Castel ! la comtesse Isabelle lui répliqua, avec l'expression du plus grand mépris : singulier moyen de vous faire aimer ! il paraît que c'est celui que vous employez avec toutes les femmes. Vous en avez ici quelques-unes dont vous espérez toucher le cœur en les chargeant de chaînes ; c'est de la galanterie de forban, et l'amour d'un homme tel que vous ne ressemble pas mal à la haine de tous les autres. Au surplus, votre moyen si doux ne me touche pas plus que vos autres captives, et je préférerais le supplice le plus cruel au crime de donner à mon malheureux époux un pareil successeur !

Antoine se lève de nouveau, en disant à son confident : sortons, Rémistan. En verité, je ne conçois pas comment il m'est venu dans la tête d'honorer cette insensée de ma main, de m'avilir à ce point ! sortons, et qu'elle s'apprête à répondre au tribunal que je vais faire bientôt assembler ?

Antoine et son ami sortent, et les deux gardiens rentrent.

Plus à plaindre que les héroïnes des tragédies et des romans, Isabelle n'a pas même une confidente dans le sein de laquelle elle puisse verser ses chagrins. Elle est seule! on ne lui a laissé que la liberté de réfléchir, l'unique liberté que la tyrannie ne puisse pas arracher à l'infortuné et que Dieu lui a laissée pour sa consolation.

Quelle foule de réflexions l'assiége! moins sur son sort que sur celui de sa fille! son ennemi menace aussi cette innocente créature! il veut donc perdre la mère et l'enfant. Qu'il abatte donc ensemble et sans retard ces deux têtes que dévoue sa vengeance; mais faire souffrir ainsi séparément deux victimes, deux femmes! les priver de secours si nécessaires, d'autres femmes ! les plonger dans les fers sans leur donner même les objets qui sont indispensables à tout être vivant, les forcer à parler, à n'agir qu'en présence de deux satellites tirés de la lie du peuple, presque toujours dans l'ivresse et continuellement grossiers ! voilà le comble de la férocité !

L'infortunée comtesse ne revit plus Antoine, ni son Rémistan, pendant quatre mois que dura sa captivité ; quatre mois passés dans l'hiver le plus rude, sans feu, sans vitrages même à sa fenêtre grillée, et ne recevant des besoins de l'existence, qu'une nourriture des plus mal saines. Sa santé en souffrit tellement qu'elle tomba dans une étisie affreuse, et fut minée par une fièvre dévorante ; le délire même s'emparait de temps en temps de son faible cerveau. Elle croyait voir sa fille immolée près de son époux. Elle appelait Espérie à grands cris ! elle était, en un mot, tout près des portes de la mort !

Dans cet état douloureux, on eut pourtant la charité de lui donner une compagne, et la vue du premier être compatissant qu'elle eût rencontré depuis son malheur, calma un peu son désespoir et diminua ses douleurs physiques. Cette compagne, captive d'abord comme elle dans le château, avait cédé par force aux vœux du tyran, qui dès lors avait adouci sa situation ; mais elle ne l'en détestait pas moins. Comme, dès son entrée dans la chambre d'Isabelle, on en avait supprimé les deux perpétuels gardiens, Isabelle se trouvait ainsi seule avec cette femme qui lui prodiguait de tendres soins, et l'entretenait dans son sens du seigneur de Haut-Castel.

La comtesse remerciait la providence de lui avoir envoyé cette consolatrice inattendue; mais elle ne devait pas en jouir long-temps. Cette compagne, qui allait et venait librement dans le château et par conséquent apprenait des nouvelles, qu'elle ne manquait jamais de confier à Isabelle, vint un matin, lui dire avec joie: Consolez-vous, madame la comtesse, votre fille se porte bien et vous allez bientôt la revoir. — Ma fille? mon Espérie? — J'ai su cela du valet-de-chambre de monsieur le baronnet Rémistan. Il m'a assuré que la jeune Espérie était toujours dans la tour de Cahors, mais qu'on allait la transférer ici, près de vous, qu'on voulait vous réunir enfin. — O mon Dieu! puis-je croire à cet excès de bonheur! — Croyez-y, oh, croyez-y! il est certain que vos fers vont être brisés à toutes les deux. Le seigneur de Haut-Castel, après une longue absence, est revenu hier dans ce château ; il a manifesté tout haut cette louable intention, et vous allez sûrement le voir ce matin ; peut-être même vous amènera-t-il votre chère fille ; tel est le bruit qui court.

Elle achevait ces mots lorsque le bruit de plusieurs personnes qui marchaient, annonça l'arrivée de ce terrible châtelain. Il entre, toujours avec son Rémistan, et recule deux pas, étonné plus qu'affligé à la vue des changemens douloureux qui s'étaient opérés sur la charmante figure de la comtesse. Il s'approche, il la reconnaît à peine, et il fronce le sourcil comme un homme qui serait trompé dans son attente. Il veut sortir, revient, détaille encore, sans prononcer un mot, tous les traits décolorés de l'infortunée, et soudain, renonçant à l'intention où il avait été de l'épouser, intention dans laquelle il était encore venu à l'instant même, il prend la main de Rémistan et lui dit : Viens, Rémistan ; j'ai changé de résolution.

La comtesse lui crie : Ma fille, monsieur le baron? en grace, ma fille?

Antoine, sans lui répondre, ajoute ces mots à ceux qu'il venait d'adresser à son confident : Cette femme est maintenant un spectre ; je n'en veux plus. — Mais, lui répond Rémistan, lisez-lui au moins votre lettre. A quoi vous servira donc cette lettre?

Antoine tenait en effet dans sa main une lettre décachetée. Il réplique à Rémistan : A rien! Ne vois-tu pas qu'elle a perdu tous ses charmes, cette fière Isabelle! je te dis que je n'en veux plus!

Ils sortent tous deux.

Cette exclamation, qu'Isabelle a très-bien entendue, lui cause un moment de joie. S'il renonce à moi, dit-elle à sa compagne, il renoncera en même temps à me persécuter, et il me rendra ma fille avec la liberté? — Cela, comtesse, est très-possible; mais, toute ravie que je soie pour vous de son changement, je ne puis m'empêcher de dire que cet homme est plus méchant encore que je ne le croyais. Il renonce à vous parce qu'il remarque sur toute votre personne une altération qui est son propre ouvrage, l'ouvrage de sa barbarie! Quelle horrible pantomime était la sienne! il s'approchait, reculait, vous regardait, vous détaillait de près, et sa surprise cruelle se manifestait par des regards qui semblaient tantôt attendris et tantôt foudroyans. Que vous êtes heureuse, madame, qu'il se soit aussi brusquement détaché de vous! — J'espère que cela sera un grand bien pour moi; que je reverrai enfin ma fille, mon père, tout ce qui m'est cher. O mon Dieu! n'est-il pas étonnant que depuis tant de malheurs, je n'aie pu entendre parler d'eux? — Madame.... ils agissent peut-être dans l'ombre. — Vous me dites cela, en baissant les yeux, en paraissant embarrassée..... Sauriez-vous quelque chose qui concernât mon père, le frère, les parens de mon mari? — Moi?... je.... je ne sais rien. — Oh! pardonnez-moi, madame, vous savez quelque chose? daignez me confier?... vous ne l'osez pas, je le vois, et je devine tout. Mon père, mon beau-frère seront tombés sous les coups des ligueurs; victimes de la trahison ou de la vengeance, ils n'existent plus. — S'ils n'étaient plus, madame, je le saurais, et je vous assure que vous en auriez, de ma bouche, la triste certitude. — Mais que savez-vous donc sur eux? — Pourquoi me presser de questions inutiles? J'ignore ce que font les personnes dont vous me parlez. Si elles agissent, je puis vous assurer que c'est en votre faveur, je viens déjà de vous le dire, et, quoique votre sort paraisse devoir bientôt changer en mieux, il m'est permis de vous apprendre que, s'il eût dû devenir plus rigoureux, vous eussiez trouvé un parti nombreux pour vous secourir. — Dans quel cas? Vous me faites frémir. Vous vous taisez, Sergie! — Madame la comtesse, je ne ne puis m'expliquer davantage, un serment, qu'on a exigé de moi, me le défend. — Pouvez-vous piquer ma curiosité à cet excès!

Sergie, la compagne de la comtesse, s'obstina à n'en pas dire davantage, et l'infortunée Isabelle passa la journée et la nuit entière, flottant entre la crainte et l'espérance.

Le lendemain, à l'image de son triste cœur, l'horizon s'éclaira couvert de nuages noirs, épais et bitumineux. Il faisait une chaleur sourde, mais accablante pour la saison. Une espèce de vapeur bleuâtre semblait monter de la terre au ciel, et l'on entendait au loin quelques coups de tonnerre que répétaient en longs rugissemens les échos des montagnes de la Guyenne. Toute la nature enfin paraissait se préparer à un grand bouleversement.

La comtesse en faisait faire, en frémissant, la remarque à sa compagne, lorsqu'on vint lui enlever cette Sergie si compatissante, dont les soins, depuis quinze jours, avaient un peu soulagé les maux de toute espèce qu'elle souffrait. La sensible Sergie s'arracha de ses bras en versant des larmes, en l'embrassant tendrement, en lui disant tout bas : Comme le ciel, comtesse, il faut vous attendre à de grands événemens ! ayez du courage, et croyez que l'on ne vous abandonnera pas.

Sergie n'en put dire davantage ; car déjà le geolier s'approchait pour l'écouter, et pour la réprimander. Elle sortit, et la comtesse resta encore une fois seule, baignée dans ses larmes.

Une heure après, ce même geolier, accompagné de deux estafiers d'Antoine, vint la chercher, pour la conduire, disait-il, *au tribunal.*

Au tribunal ! Ce mot glaça d'effroi la triste comtesse, qui suivit ses guides en tremblant, et n'osant soupçonner le malheur nouveau, le dernier malheur qui l'attendait. On la fit entrer dans une vaste salle, entourée de banquettes, de bureaux, et terminée par une estrade, élevée sous un dais, au fond de laquelle on distinguait un tableau représentant notre Sauveur mourant sur la croix. Devant cette estrade était le seigneur de Haut-Castel lui-même, vêtu d'une longue simarre rouge et noire, le chapeau à plumes sur la tête, et assis devant un bureau recouvert en velours cramoisi. Il s'arrogeait là les droits d'un juge, et son Rémistan faisait, à côté de lui, les fonctions de greffier-rapporteur. Plusieurs autres juges, pris parmi les vassaux d'Antoine, garnissaient quelques banquettes à son parquet, et les autres parties de la salle étaient remplies d'une foule d'hommes et de femmes de toutes les classes, qui semblèrent hurler de joie, en voyant entrer la victime qu'on leur désignait.

Après un interrogatoire cruellement ridicule et qu'on ne rapportera pas ici, attendu qu'il tient plus aux formes judiciaires qu'à celles de l'histoire, les juges ayant été aux opinions, la malheureuse Isabelle, *convaincue* d'avoir aidé son mari dans l'envoi qu'il avait fait, des fonds de la province, au Béarnais, fut condamnée à avoir la tête tranchée.

Cet arrêt brusque, rendu sans procédure préalable, sans témoins, sans preuves, sans, en un mot, qu'on eût permis à la victime de prendre un avocat, ou au moins d'en appeler, cet arrêt inique fut couvert d'applaudissemens par la multitude fanatisée. Isabelle, quoiqu'elle en fut frappée comme d'un coup de foudre, le reçut néanmoins avec calme et résignation. Sa défense, qui roulait toujours sur la négative, avait été simple comme l'innocence elle-même; mais dès qu'elle avait vu là le receveur Ranty et deux autres faussaires comme lui, l'accuser impunément, appuyer leur dénonciation des plus grossiers mensonges, la malheureuse comtesse s'était vue perdue, et Dieu l'ayant touchée de sa grace, la religion lui avait fait distinguer dans la mort une autre vie qui la rapprochait des saints et de son époux.

Rentrée dans sa prison cependant, le souvenir de sa fille lui avait rendu toute sa faiblesse, et elle était retombée dans ses accès de délire, quand on vint la chercher pour la mener au lieu de son supplice.

Il était nuit alors, et la journée, qui avait été constamment orageuse, semblait présager une soirée un peu plus calme. La comtesse, ayant desiré recevoir les consolations d'un ecclésiastique, on lui avait donné l'aumônier d'Antoine, homme aussi méchant que son maître. Accablée de tous les maux possibles, mourante, agitée d'un sombre délire, la comtesse de Hautefère, put à peine se livrer aux consolantes pratiques de la religion ; on la traîna ainsi, à la clarté des flambeaux, jusqu'au milieu d'une plaine, située à moitié chemin, entre Corjac et Cahors, et qui était remplie d'une foule immense de ligueurs, accourus de tous les côtés pour contempler un spectacle qui comblait leur ivresse.

Déjà la victime est traînée au fatal billot; le fer est levé, le crime va se consommer..... Tout-à-coup, ô prodige ! un violent tremblement de terre renverse et l'échafaud et la tribune dans laquelle les juges venaient de se placer, Antoine à leur tête. La foudre gronde, tombe avec fracas, et des torrens de pluie font en un moment, de la plaine, un vaste lac. Tout fuit, tout se disperse, et, ligueurs comme calvinistes, chacun croit voir dans ce phénomène, un signe certain de la colère céleste qui, dit-on, ne veut pas qu'on verse le sang d'un seul catholique, même quand il serait coupable.

Quoi qu'il en soit de cette explication, la plaine reste isolée, couverte d'eau, et, dans le trouble, dans la fuite générale, on ignore ce que tout le monde est devenu, jusqu'à la victime elle-même ».

ÉPILOGUE

DE CETTE PREMIÈRE MATINÉE.

Nous quittâmes là notre lecture; et je ne pus m'empêcher de dire, au possesseur de ce manuscrit, que l'événement du tremblement de terre pourrait passer, aux yeux de bien des gens, pour un événement des plus romanesques. Il me répondit: Eh! pourquoi, monsieur? a-t-il quelque chose de surnaturel ou d'invraisemblable? lorsque la terre tremble, ne peut-il pas se trouver, sur le coin du globe où se passe cette crise de la nature, des gens réunis pour une fête, pour une cérémonie gaie ou funèbre? Croyez-vous que ces gens-là restent sur un sol qui les renverse, ou qui menace de s'entr'ouvrir sous leurs pieds. Ne se passait-il pas mille choses de mille espèces différentes à Lisbonne, au moment où cette ville fut abîmée par son fameux tremblement de terre? Pourquoi traiter de romanesque ce qui est arrivé, ce qui peut arriver? — Il est certain, répliquai-je, que, lorsqu'on s'obstinerait à regarder tout ceci comme un roman, un roman n'est autre chose que l'histoire de la vie; on ne prend seulement, dans cette histoire, que les faits les plus rares, les plus singuliers et les plus propres, soit à pénétrer l'ame du plus vif intérêt, soit à suspendre l'attention d'une manière ingénieuse, ou bien à exciter la curiosité au plus haut degré. — Il y a ici de quoi piquer la vôtre. A demain, monsieur? — A demain?

SECONDE MATINÉE.

Je me rendis, le lendemain, aux Tuileries, et nous reprîmes notre lecture en ces termes :

> La consolation descend, dans l'ame de l'infortuné, comme la douce rosée du matin rend la fraîcheur aux plantes nourricières,... Mais, quand le malheur est à son comble, le cœur ne s'ouvre plus qu'à la douleur. La religion dit cependant qu'il ne faut jamais désespérer de la providence..... Innocence! tu ne succomberas donc pas!

La jeune Espérie de Hautefère, voyant qu'on lui enlevait sa mère, qu'on arrachait de ses bras et de la tour de Cahors, cette tendre mère, son unique appui, s'était livrée au plus violent désespoir; elle l'appelait à grands cris, et le bruit du cortége d'Isabelle, qui s'éloignait, lui persuada qu'elle ne la reverrait plus. Ma mère! s'écriait-elle, on me sépare de toi! on me laisse seule, seule sur la terre! qui tendra une main secourable à ma faible jeunesse! qui affermira mes premiers pas dans le sentier de la vertu! je n'entendrai plus ta voix si touchante, tes conseils si sages; je ne te verrai plus! O mon Dieu! quels sont donc tes impénétrables desseins sur une timide et craintive orpheline! tu appelles à toi ses vertueux parens, et tu l'abandonnes à la perversité, à la barbarie de leurs persécuteurs. Mon Dieu, rends-moi ma mère, ma malheureuse mère! où va-t-elle? où l'entraîne-t-on? pourquoi la sépare-t-on de son enfant? Mon Dieu, que de chagrins! que de larmes je vais répandre! reviens, ma mère! ma mère, reviens à moi!

Au bruit de ces cris aigus, la femme Maurille entre : Eh bien ! eh bien ! dit cette vieille harpie, êtes-vous folle, donc, mademoiselle? voilà un beau tapage que vous faites dans la maison? — Ma mère, madame? — Eh, pardi, elle existe encore, votre mère! Vous êtes plus heureuse que moi, elle n'est pas morte, votre mère, au lieu que j'ai perdu mon mari, moi. Eh! voyez si j'en pleure, si j'en fais des extravagances. Il est mort, il faut bien que je m'en console, puisqu'il n'y a pas de remède à cela. Heureusement que l'on m'a laissée toujours concierge de cette prison, et toute seule encore ; ah ! je suis bonne pour cela. Toute seule, c'est-à-dire, avec des porte-clefs. Je conserverai les anciens, ce sont des cyclopes pour la dureté ; mais, de bien honnêtes gens. Pour le moment, nous n'avons rien à faire ; car, ma foi, les prisonniers, on les a tous tués. Il n'y a pas grand mal ; c'était des renégats, des vilains huguenots ; quand il n'en resterait pas un, pas même votre cher Béarnais ! On a connu ses amours avec la belle dame Fosseuse ; allez ! cela a assez scandalisé le pays : à présent c'est une autre. Il faut que celui-là ait bien du temps de reste pour penser à l'amour quand il a tant de guerres sur les bras !

La jeune Espérie, plongée dans les plus sombres réflexions et versant toujours des larmes, n'écoutait guère cette vieille bavarde, qui continua ainsi : Allons, belle affligée, ne pensez pas plus à votre mère que je ne pense à mon mari. Faites comme moi, et calmez votre tristesse. Je viendrai souvent vous tenir compagnie ; car vous n'êtes encore qu'une enfant, et

vous

vous m'inspirez, malgré moi, quelque pitié. Entendez-vous que je vous dis que je viendrai vous consoler?

La vieille secouait rudement le bras d'Espérie qui lui répondit en pleurant : Veuillez me laisser, madame; je ne reçois de consolation de qui que ce soit, encore moins de vous. — Ah! vous faites la fière; c'est comme votre mère, je ne pouvais pas la souffrir pour sa hauteur. Gardez-vous de l'imiter ici, à mon égard? je ne le permettrais pas, je vous en avertis; je vous accablerai des plus mauvais traitemens, si vous vous avisez de me traiter avec un orgueil, qui ne vous va pas, ma petite; non, en vérité, il ne vous va pas du tout.

Telle était la femme qui allait dorénavant surveiller Espérie; tels étaient ses discours et ses sentimens! elle était bien propre à doubler les regrets de notre chère enfant de s'être vue séparée d'une mère tendre telle que la comtesse, et toute ame sensible se mettra dans la situation d'une jeune personne de quinze ans, qui a perdu son père, à qui on enlève sa mère, qui se voit enfin en prison, à la merci des geoliers, sous la garde d'une vieille mégère, la seule femme qui ait la permission de l'approcher!

Aussi Espérie resta-t-elle inconsolable. Cependant, elle sentit qu'il était de son intérêt de ne pas se faire, de la concierge, une ennemie trop implacable, et elle s'adoucit un peu envers elle, au point que la femme Maurille vint souvent la voir et lui donner quelques légers soins. Mais quelle société pour la fille d'un comte! pour Espérie qui, aussi spirituelle que belle, possédait déjà tous les talens utiles et agréables, pour l'élève enfin d'Isabelle de Rançon, la personne de son sexe la plus estimée pour ses vertus et son instruction!

C'est ainsi que la pauvre enfant passa tout l'hiver, un peu mieux chauffée et soignée que ne l'était sa malheureuse mère dans la prison du château de Haut-Castel. Il n'est pas étonnant qu'elle ait excité la pitié de la concierge; Espérie, belle, douce, modeste, aurait attendri les monstres des forêts!

Sans cesse livrée à ses tristes réflexions, elle passait souvent en revue tous les personnages qui composaient sa famille, et il en était un sur lequel sa pensée se reposait plus long-temps, avec plus d'intérêt. C'était son cousin, Hunold de Mortagne, fils de Roland de Mortagne, frère de son père, elle y pensait toujours; mais elle n'avait personne à qui elle pût en parler, ce qui est un grand bien pour les cœurs aimant. Afin de jouir plus souvent de cette satisfaction, elle céda un jour aux pressantes sollicitations que lui faisait depuis long-temps la concierge, de lui apprendre l'histoire de ses parens. La vieille Maurille était curieuse ; son plaisir était de pénétrer dans l'intérieur des familles et de savoir ce qui s'y passait. Espérie voulait moins satisfaire cette inutile et indiscrète curiosité, que trouver et ramener souvent, par la suite, l'occasion de parler de son cousin chéri. Elle fit donc à sa vieille gardienne le court récit qu'on va lire :

« Avant que je vous parle de mon malheureux père, dame Maurille, laissez-moi répandre encore des larmes, qui, si je les comprimais, couvriraient ma voix de sanglots et s'opposeraient ainsi au récit que vous paraissez desirer ?.... Quand je pense que cet homme excellent, bon, vertueux, qui fut l'ami, le père de ses vassaux, a été massacré, ici, dans cette tour lugubre, à la fleur de son âge, à quarante ans !.... Lui, qui n'avait jamais fait que du bien ! lui, ah mon Dieu !.... reçois ces pleurs amères, ô mon père ! ce ne sont pas les dernières que je verserai en ta mémoire sacrée ! toute ma vie, oui, toute ma vie, je te pleurerai !....

« Mon père dut le jour au vieux comte Gabriel, chef de l'illustre maison de Hautefère, la plus ancienne, la plus noble du royaume, après celle des Bourbons et des Valois. Le comte Gabriel s'était marié, à cinquante ans, à une dame de Solminiac, et il en avait un fils de trois ans, lorsqu'il eut le malheur de perdre cette épouse adorée. Il en serait mort de chagrin s'il n'eût reçu les plus tendres consolations de son beau-père, homme bon, sensible, généreux, qui, bien qu'il éprouvât les regrets les plus amers de la perte de sa fille, ne songea cependant qu'à faire le bonheur de son gendre et la fortune de son petit-fils. Cet excellent homme, en conséquence, donna au fils du comte Gabriel la survivance de la terre et du titre de la superbe seigneurie de Mortagne, ensorte que cet enfant, qui se nommait Roland, prit par la suite le nom de Roland de Mortagne, qu'il porte encore aujourd'hui. Le comte Gabriel ne jouit pas long-temps des consolations, ni des bienfaits de son beau-père, une chute de cheval causa, au bout de six mois, la mort de ce dernier; le comte Gabriel, au désespoir d'être privé, en si peu de temps, de deux personnes qui lui étaient si chères, se proposa de passer dans un pays étranger pour y nourrir sa douleur et attendre la fin de ses jours, trop lents pour lui à se terminer. Cependant, comme il était écuyer de Charles de Bourbon, duc de Vendôme, il ne pouvait s'expatrier, voyager même, sans la permission de ce prince qui l'honorait d'une estime et d'une affection qui allait jusqu'à l'amitié la plus tendre. Charles était alors dans le Bourbonnais; il fallut que le comte Gabriel allât l'y trouver. Bien différent de ces pères qui, restés veufs avec un enfant en bas âge, mettent cet enfant en pension, ou le confient à des mains mercenaires, par la raison, ou sous le prétexte qu'un homme ne peut pas s'occuper d'un petit être qui réclame les soins d'une femme; le comte Gabriel avait trop aimé la mère du jeune Roland pour ne pas reporter cette vive tendresse sur le fruit de son hymen. Quoique riche et entouré de domestiques, il ne voulut pas qu'aucun d'eux se mêlât de son fils. Il entrait dans les plus petits détails qui concernaient les soins journaliers qu'exigeait un enfant de quatre ans, et jamais cet enfant ne restait un quart d'heure hors de sa présence, exemple rare et touchant de la tendresse paternelle fondée sur les regrets de l'amour et de l'hymen!

Le comte Gabriel partit donc pour le Bourbonnais, tenant son fils devant lui sur son cheval, ainsi qu'il avait coutume de le mener partout. Il se présente chez le prince Charles de Bourbon, qui l'accueille avec sa bonté accoutumée; il lui demande la permission de voyager pour se distraire de sa vive douleur dont il lui détaille les trop justes motifs. Charles lui répond en souriant légèrement : ce n'est pas dans les pays étrangers, mon cher Gabriel, que vous trouverez des consolateurs, des amis plus zèlés que dans votre patrie ; ceux qui vous aiment bien sincèrement sont si près de vous ! pourquoi en aller quêter ailleurs ? c'est donc à mes côtés que vous devez rester dorénavant. Je prendrai soin de votre fortune, de celle de votre fils, et je vous offrirai le plus de distractions qu'il me sera possible. —Mais, prince !... —Point de mais, mon cher Gabriel ? vous feriez tout au monde pour vous éloigner de moi que je ne le souffrirais pas. Vous voyez donc bien que je vous refuse la permission que vous me demandez ? Il y a mieux, c'est que je vous ordonne de ne plus me quitter une journée ; entendez-vous que je vous l'ordonne, mon ami? —Cependant, mon prince. —Ah, vous iriez chercher ailleurs un ami! —Prince, c'est moins....—Je suis le vôtre moi, pour la vie, et, j'adore Dieu, je vous le prouverai! —Les voyages sont... —Je saurai bien vous consoler! —Quand on a perdu...—Vous mangerez avec moi... —Un ciel étranger pourrait?... —Vous serez mon confident, un second moi-même. —Sans doute, cet honneur! —Comme nous allons chasser! — Si pourtant... —Nous ne ferons que cela! Je vous parlais de distractions, en voilà de belles qui se présentent. Je marie mon fils; je le donne à la fille de ce bon, de cet excellent d'Albret, que vous connoissez, et qui est un homme aussi franc, aussi loyal que je me flatte de l'être. Les noces se feront ici, à Moulins; on y viendra de tous les coins de la France ; ce sera des fêtes à ne plus finir. Cela vous désennuyera, cela vous distraira, vous dis-je.

» L'on ne parlait en effet alors que du mariage très-prochain d'Antoine de Bourbon, fils de Charles de Bourbon, duc de Vendôme, avec Jeanne d'Albret, fille et unique héritière d'Henri II. Cette belle Jeanne d'Albret apportait en dot à son époux, la principauté du Béarn et le royaume de Navarre. Le comte Gabriel savait que cet illustre hymen devait se faire à Moulins, au milieu des fêtes les plus brillantes, et c'étoit justement ce qu'il voulait fuir; il aurait été jusqu'au bout du monde pour éviter de se trouver dans des fêtes données surtout pour un mariage. Il eut beau supplier le duc de Vendôme, celui-ci ne voulut jamais céder à ses vœux : j'ai trop d'amitié pour toi, ajouta-t-il, mon cher Gabriel, pour consentir à une telle séparation, dans ce moment-ci surtout, où je vais être privé de mon fils, entouré dorénavant d'étrangers; tu sens que j'aurai plus que jamais besoin d'un ami! reste-moi donc? Et, j'adore Dieu! reste-moi, mon Gabriel? que j'aie quelqu'un dans le sein de qui je puisse verser et mes peines et mes plaisirs! Tiens, aujourd'hui même, je donne à dîner à ma future bru, à son père, c'est mon tour; d'Albret m'a traité avant-hier. Je veux que tu sois de ce dîner; tu verras toute cette bonne famille, et mon fils que tu as porté dans tes bras et qui t'aime tant! ton petit Roland est aussi invité, je sais que tu mourrais si tu le perdais de vue! comme il me regarde! en vérité, il a quelque chose d'héroïque dans les yeux. On le dirait descendu du fameux Paladin de son nom, qui fut le neveu de Charlemagne! Allons, nous l'élèverons ensemble, nous l'armerons chevalier, et nous en ferons un homme!

» Le duc de Vendôme mettait, dans ses sollicitations, tant de grace, tant de bonté et même de cette bonhomie chevaleresque qui gagne tant de cœurs aux grands, que le comte Gabriel ne put, n'osa lui résister, et il se rendit à l'heure convenue dans la salle du banquet. Déjà beaucoup de convives y étoient rassemblés, lorsqu'on vit entrer Charles de Bourbon, duc de Vendôme, ayant à ses côtés son fils, Antoine de Bourbon, jeune homme aussi beau que bien fait; venait ensuite le bon Henri d'Albret, tenant par la main sa fille Jeanne, qu'on pouvait surnommer avec raison *la belle des belles.* Parée de perles, tant dans sa coiffure que sur ses habits, le col entouré d'une fraise, tenant dans sa main le bout d'une chaîne d'or qui pendait à sa ceinture; tout, jusqu'à sa démarche, annonçait une noble fierté, tout chez elle respirait la grandeur d'ame et la majesté. Le comte Gabriel admirait la régularité de ses traits, sa tête d'un ovale un peu alongé, ses yeux d'un brun clair, son nez bien formé et ses sourcils bien cintrés (1), lorsqu'il fut distrait de ce bel objet par un autre qui fit à l'instant sur son cœur une vive et profonde impression. A deux pas un peu en arrière de la fille du roi de Bearn, le comte vit s'avancer une jeune personne qu'accompagnait son père, homme d'une tour-

(1) Vrai portrait de Jeanne d'Albret.

nure des plus distinguées. Cette jeune personne ressemblait si exactement à la comtesse Gabriel de Hautefère, que le comte crut qu'elle revenait du sein des morts et jeta un cri perçant, en perdant connaissance et tombant sur le tapis qui ornait le plancher. Quand il reprit connaissance, il vit plusieurs personnes qui s'empressaient autour de lui, et cette même demoiselle, qui n'était pas la dernière à lui prodiguer des soins. Le duc, lui-même, était auprès de lui qui s'informa, comme tout le monde, de la cause de ce trouble si grand. Le comte ne put que lui répondre : *Ah, prince, j'ai cru revoir ma femme !*

» Cette réponse mit d'abord en belle humeur quelques jeunes courtisans qui marmotèrent qu'en effet un mari devait éprouver un grand effroi à l'aspect d'un pareil revenant ! mais le duc ayant instruit l'assemblée des justes regrets qu'éprouvait son écuyer d'avoir perdu la meilleure des femmes, l'intérêt fit place à la plaisanterie, et chacun s'empressa de consoler le pauvre veuf, et de caresser son jeune fils qui pleurait encore de l'état où il avoit vu son père. Le duc fit placer le comte à table, aux côtés même de la jeune beauté dont la vue l'avait si fort ému. Il lui apprit tout bas qu'elle s'appellait Isaure, et qu'elle était fille de Hatton, sir de la Touraille, un des hommes d'armes du roi d'Albret. La belle Isaure de la Touraille, ajouta-t-il, est dame d'honneur et de compagnie de Jeanne d'Albret, qui va devenir ma bru; ainsi, si sa vue peut avoir quelque charme pour vous, mon cher Gabriel, vous en jouirez souvent.

Le comte causa avec cette aimable

personne,

personne, et, ravi de son esprit, de ses charmes, de sa ressemblance surtout avec la femme qu'il regrettait, il en devint, dès le moment, éperduement amoureux. Pendant le dîner, la belle Jeanne d'Albret fit aussi briller son esprit. On put prévoir qu'elle n'aurait par la suite, ainsi que l'a dit depuis l'historien d'Aubigné, *de femme que le sexe, l'ame entière aux choses viriles, l'esprit puissant aux grandes affaires et le cœur invincible aux grandes adversités.* Bourbon, son futur époux, parla peu, par timidité sans doute; mais en récompense son futur beau-père, le bon roi d'Albret, fit valoir un fonds de gaîté inépuisable; il riait, chantait sans cesse, et le duc de Vendôme lui ripostait, non de la même manière, mais avec cette franchise et cette bonté qui, de tout tems, ont caractérisé les petits-fils de

Saint-Louis. Au dessert, le roi de Navarre exigea que sa fille chantât, et la belle Jeanne, sans se faire prier, fit entendre d'une voix forte, juste, sonore, qu'elle accompagna d'une guittare, la chanson béarnaise qui commence par ces mots : *Noste Donne deou cap deou pon, adjoudâ me in aquesta houra* (1) ; chanson qu'elle répéta depuis dans une autre occasion, douloureuse pour elle sans doute, mais bien heureuse pour la France et pour l'Europe entière (2).

On avait servi, entre autres plats, un énorme édifice qui représentait, en sucre et en diverses confitures, le temple de Salomon, avec force singularités tant autour que dessus ; le

---

(1) Ce qui veut dire : *Notre-Dame du bout du pont, aidez-moi à cette heure.*

(2) Lorsqu'elle mit au monde Henri IV.

roi de Navarre ordonna à deux domestiques de porter ce plat à sa fille, à laquelle il dit : Jeanne, quand on a si bien chanté, on mérite d'avoir quelques petites friandises.

» Jeanne brisa ce temple par morceaux, et en offrit à tous les convives avec sa grace accoutumée.

» Cependant le comte Gabriel de Hautefère, malgré ses cinquante-cinq ans, était devenu sérieusement amoureux d'Isaure de la Touraille, et, de son côté, Isaure, quoiqu'elle n'eût que vingt ans, ne pouvait regarder sans intérêt le comte qui, d'ailleurs, était de la plus belle taille et très-bien encore. Les jeunes personnes bien élevées, sensibles et vertueuses, estiment la vertu dans quelque individu qu'elles la rencontrent. Le comte Gabriel était annoncé comme un excellent mari qui regrettait une épouse adorée ; il se montrait tendre père envers son fils et celui de celle qu'il avait tant chérie ; la belle Isaure, en lui vouant de l'intérêt, cédait, non à l'amour, mais à un sentiment d'estime et d'admiration qu'il méritait bien.

» Bourbon, duc de Vendôme, s'aperçut promptement du changement qui s'était opéré dans le cœur de son favori ; ravi de cette découverte, il le présenta au sir de la Touraille et à sa fille qui le reçurent très-bien. Le duc parvint à tirer du comte Gabriel l'aveu de sa tendresse, et cet époux si fidèle à la mémoire de sa femme, crut lui donner une nouvelle preuve de son éternelle affection, en consentant à épouser sa véritable image sur la terre. Ses noces se firent avec celles d'Antoine de Bourbon et de Jeanne d'Albret. Le bon Henri II, roi de Navarre, combla mon aïeul et sa jeune épouse de présens, auxquels Bourbon de Vendôme ajouta des rentes et des terres. Un an après, la belle Isaure donna le jour à Aldouin de Hautefère, mon père, et ne cessa de prodiguer ses soins, tant à son fils chéri qu'au jeune Roland de Mortagne, fils de la première femme de son mari. Ces deux frères se vouèrent, par la suite, une amitié à toute épreuve, et furent comblés des bienfaits de Jeanne d'Albret, de son père, d'Antoine de Bourbon et du duc de Vendôme, tant que ces excellens princes vécurent; le comte Gabriel seul eût le malheur de s'attirer la disgrace de la reine de Navarre.

» Vous savez, et la France entière a retenti du bruit de cet événement, vous savez, dis-je, que peu d'années après son mariage, Jeanne d'Albret se fit protestante, en même temps que son époux, de protestant qu'il était, embrassa la religion catholique apostolique et romaine. Jeanne d'Albret, ferme dans le nouveau parti qu'elle prenait, voulut que ses favoris et ses vassaux imitassent son exemple. Plusieurs cédèrent, par goût ou par complaisance; le comte Gabriel, attaché à ses principes, refusa fermement. La reine de Navarre, irritée d'abord, finit par lui pardonner ce qu'il appelait un cas de conscience; mais elle exigea impérieusement, pour condition, qu'il élevât ses deux fils dans la nouvelle religion qu'elle avait adoptée. Le comte résista de nouveau, et, dès lors, la reine lui témoigna une froideur, qu'elle ne rejeta pas néanmoins sur mon père et son frère, trop jeunes pour oser se prononcer contre le vœu du comte;

leur père. Le comte Gabriel en conçut tant de chagrin qu'il tomba dans une maladie de langueur et mourut. La comtesse, sa veuve, éleva donc seule Aldouin et Roland entre lesquels elle partagea également sa tendresse, jusqu'à l'époque où, devenus des hommes, ils furent en état de gérer eux-mêmes les grands biens qu'ils possédaient. Elle maria son fils Aldouin à la vertueuse Isabelle de Rançon. Quant à Roland de Mortagne, il avait fait aussi, long-temps avant son frère, un mariage sortable; mais sa femme eut le malheur de perdre la vie en la donnant à un fils, son vivant portrait. Roland se consacra entièrement à ce fils et ne songea jamais à se remarier.

» J'ai connu mon aïeule, la belle Isaure de la Touraille; elle m'a prodigué bien des caresses dans mon enfance ; mais, hélas, nous l'avons perdue, il y a six ans ! Les troubles qui agitent de plus en plus la France, ne faisant que s'accroître d'année en année, Isaure, qui en calculait les suites funestes, attachée d'ailleurs de cœur au fils de sa protectrice, à ce bon Henri IV qu'elle ne pouvait voir persécuter sans répandre des larmes, la belle Isaure en fut frappée d'une maladie mortelle. Elle repose dans la chapelle de notre château de Hautefère ; mais comme elle était protestante, qui sait si des fanatiques n'auront pas la scélératesse de violer son asile, et d'insulter à ses cendres ! mon père et ma mère ayant surtout été proscrits, assassinés par eux !... »

Ici la jeune Espérie versa encore des larmes ; elle continua néanmoins bientôt en ces termes :

« Si mon père fut sensiblement affecté

fecté de la mort d'Isaure, mon oncle Roland de Mortagne, quoiqu'elle ne fût que sa belle-mère, n'en resta pas moins inconsolable. Afin de se distraire de sa douleur, il partit pour l'armée du roi de Navarre, et fit longtemps à ses côtés des prodiges de valeur. Il nous avait laissé son fils Hunold; Hunold avait cinq ans de plus que moi. Mon père et ma mère nous élevèrent tous les deux, en sorte que nous restâmes ensemble, pendant près de six années, sans nous quitter un seul instant de la journée. O temps heureux pour moi, combien vous me rappelez de doux souvenirs! C'est que vous ne connaissez pas mon cousin Hunold, dame Maurille! figurez-vous le jeune homme le mieux fait, le plus aimable! il a vingt ans à présent; eh bien! il en paraît vingt-cinq pour la force et la raison. Vous ne savez pas qu'il m'a promis qu'il n'aurait jamais d'autre femme que moi. Il dit que cela se peut, sans la permission du Pape, attendu qu'il n'est pas tout-à-fait mon cousin, la mère de Roland n'étant que la première femme de mon aïeul. J'ai bien desiré des fois qu'il ne fût pas du tout mon cousin, afin qu'il devînt plus vîte mon mari.

» Hélas! puis-je, dois-je maintenant espérer ce bonheur! d'abord il n'est plus auprès de moi. Son père, qui est revenu blessé, il y a six mois, avait obtenu, du roi Henri IV, un congé nécessaire pour rétablir sa santé. Roland nous a repris soudain son fils Hunold et l'a emmené en Béarn, où tous deux s'occupent en ce moment, à faire, dans cette province, de nombreux partisans à la cause de leur maître. Que font-ils maintenant? n'ont-ils donc pas entendu parler de nos malheurs? ignorent-ils la mort tragique de mon père, la captivité de ma mère, la mienne?... et ils n'agissent point, eux qui nous chérissent tant! Hunold, cher Hunold! où es-tu? abandonnes-tu donc aussi ton Espérie!... »

La fille d'Isabelle verse de nouvelles larmes. Elle appelle encore à son aide, son oncle, son cousin, son père, sa malheureuse mère, et elle retombe dans un accès de désespoir que la vieille geolière a bien de la peine à calmer.

Tout-à-coup, comme si le ciel voulait la consoler et lui offrir une heureuse distraction, quelques chants d'église frappent son oreille; elle entend les voix de plusieurs prêtres catholiques qui descendent lentement l'escalier tournant sur lequel donne sa porte de fer. Ils chantent l'office divin ; et leurs cantiques pieux semblent déplorer la perte d'un chrétien dont ils supplient l'Eternel de daigner prendre pitié. Qu'est-ce que cela, s'écrie Espérie ? — Mon enfant, répond la vieille, c'est un prisonnier qui est mort, hier, dans sa chambre et que l'on va enterrer.

Espérie se jette aux genoux de la geolière : Madame, lui dit-elle, en grace, envoyez-moi un prêtre ? que je voie un ministre du Seigneur ? qu'il daigne entendre ma confession. J'ai besoin de toutes les consolations de notre sainte religion ! — Oui, eh bien, oui, mon enfant ; c'est un noble desir et que je suis bien éloignée de blâmer.

La geolière sort et rentre bientôt en disant : Il va en venir un, aussitôt que le corps du prisonnier sera déposé là-bas dans sa dernière demeure. Prenez courage, mon enfant, il va en venir un.

Elle sort de nouveau, et la jeune Espérie se remet à genoux pour commencer des prières convenables à l'acte saint qu'elle va consommer.

La porte s'ouvre. La vieille Maurille entre avec un ecclésiastique d'un extérieur aussi doux que respectable. Ah, monsieur, s'écrie Espérie, que vous venez à temps pour sauver mon ame du désespoir! — Parlez, mademoiselle, parlez-moi avec confiance; je suis l'abbé Milet, ancien curé de Saint-Onuphre; j'ai bien connu votre malheureux père, et il avait la bonté de me témoigner quelque estime. — Oh, monsieur l'abbé Milet! oui, mon père nous parlait souvent de vous. Vous savez qu'ils l'ont assassiné, cet infortuné? — Je sais, mademoiselle, qu'un crime affreux vous l'a ravi. —

Vous ne pensez donc pas comme nos ennemis? — Le vrai serviteur de Dieu peut-il penser comme des assassins? — Ah, quel baume vous répandez dans mon sein! voilà donc le premier être que j'entends nous plaindre? — Qui ne vous plaindrait, malheureuse Espérie? à peine entrée dans ce monde de douleur, vous en êtes abreuvée. Sans avoir connu le vice, encore moins le crime, vous êtes la victime à la fois et du crime et du vice! un prétendu amour d'un grand seigneur pour votre mère cause tous ces maux, et vous en souffrez sans les avoir provoqués! — Quoi! vous savez?... — Je sais!... tout ce qui vous concerne, et si des factieux, un ramas de vils scélérats ont osé porter des mains homicides sur votre père désarmé, je sais qui les a excités à ce meurtre épouvantable.

La vieille Maurille, qui est restée

là, se sent soudain scandalisée à ce discours du vertueux abbé; elle s'écrie : Sainte Vierge! qu'est-ce que j'entends? osez-vous, monsieur l'abbé, parler ainsi de nos saints ligueurs et du bon seigneur de Haut-Castel, leur chef dans cette province? —Madame, lui répond l'abbé Milet, je ne vous dois point de compte de mes discours; veuillez seulement nous laisser seuls, mademoiselle et moi. Elle desire se confesser au tribunal de la pénitence, vous savez que cet acte religieux ne peut se faire en présence d'un tiers. — Vraiment, si je me retirais, vous lui donneriez de beaux conseils! — Je vous l'ordonne, madame, et si vous ne m'obéissez pas à l'instant, je saurai vous faire repentir d'avoir osé troubler un prêtre dans l'exercice de ses saintes fonctions.

La geolière, qui joignait à sa mauvaise éducation, à sa méchanceté naturelle, la bigoterie la plus prononcée, n'osa pas insister ; elle fit le signe de la croix, et sortit. Ainsi l'abbé Milet resta avec la fille d'Isabelle, et libre de lui parler.

Mademoiselle, lui dit-il, vous me jugeriez mal si vous me soupçonniez d'aimer les ligueurs et de faire ce qu'ils font. Je hais en général tout esprit de parti, surtout quand il tend à répandre le sang des hommes. Les partisans de Calvin sont aussi à mes yeux des insensés qui, pour quelques dogmes de plus ou de moins, se feraient hacher, croyant mériter, par cette obstination, la palme du martyre. Je plains les huguenots et je plains également les catholiques qui les persécutent. Tous sont hors de la voie de la raison et de l'humanité. Vous voyez que, des deux côtés, on a commis et l'on commet encore des crimes affreux, également en horreur à Dieu, qui ne veut pas que ses enfans s'entrégorgent pour lui. Je vais aller plus loin, en vous faisant un aveu sincère de ma façon de penser sur le roi de France et de Navarre. Il est bien roi de France, puisque Henri III vient de mourir, et qu'en lui finit la race des Valois. Point de doute que les Bourbons doivent remonter sur le trône de Saint-Louis ; mais pourquoi ne le veut-on pas? pourquoi lui fait-on la guerre? un homme seul ne le veut pas et lui fait la guerre! C'est Mayenne, c'est ce frère des Guises, qui brûle de les venger sur la personne d'un roi quelconque. Il veut l'être lui-même, sous le titre modeste qu'il a pris de *Lieutenant-Général de l'Etat et Couronne de France.* Mais ce seul but lui aurait-il donné tant de partisans? Non. Il a donc fallu pour armer toutes les classes de citoyens contre leur roi légitime, leur donner le prétexte de la différence de religion. Alors on s'est rappelé, de part et d'autre, toutes les persécutions qu'on s'est fait éprouver mutuellement, depuis les Albigeois jusqu'à nos jours. On a enflammé les haines, et l'on a armé jusqu'à des religieux dont l'institution est de rester bien tranquilles dans leurs cellules, sans se mêler aucunement des affaires temporelles. C'est donc, soi-disant, parce que le fils des Bourbons est protestant, qu'une partie de ses sujets ne veut pas le reconnaître? Mais n'en est-il pas moins le meilleur prince que l'on connaisse? Qu'on le prenne dès sa naissance; qu'on suive son éducation, ses actions, jusqu'à ses moindres discours? est-il un homme plus ferme, plus courageux, plus franc, plus loyal, plus esclave de sa parole, plus pieux enfin dans sa croyance? vient-il en usurpateur? que demande-t-il? son héritage, son bien, ce qui lui est dû; et il ne le demande que pour faire le bonheur des Français. Car, croyez-en mon expérience, mademoiselle, ce prince là sera le meilleur roi, le plus grand roi qui ait jamais régné sur la terre.

Espérie s'écrie : Oh, oui, monsieur, il le sera! mon père l'a toujours dit comme vous!

L'abbé Milet poursuit : D'après mon opinion sur lui, vous devez juger, mademoiselle, que je l'aime, que je prends le plus grand intérêt à ses succès; et si j'aime le bon Henri, j'aime votre famille, tous ceux qui lui sont attachés. Le malheur de votre père, c'est de l'avoir servi avec trop d'imprudence, c'est d'avoir employé, pour entretenir une correspondance par écrit avec ce grand roi, un agent qui l'aura trahi ; car, mademoiselle, vous savez sans doute cette affaire? Etait-il bien sûr de ses agens, le comte votre père? veuillez me dire la vérité sur cette accusation si répandue d'une correspondance avec le prince qu'ils appellent, en croyant y mettre de l'ironie, *le Béarnais?*—Elle est vraie, monsieur ; j'ai vu souvent des lettres que mon père lui écrivait, et des réponses de la main du roi. Dans la dernière de mon père, et qu'on a saisie sur notre fidèle agent, le comte Aldouin de Hautefère annonçait à Sa Majesté qu'il levait ici secrètement, pour elle, une armée de propriétaires, de gens tous dévoués à lui dans le silence, et dont le nombre pourrait bien s'élever à vingt mille hommes; qu'il avait une liste des chefs de ces vingt mille hommes, et qu'il la lui enverrait par un prochain message. Mon père ajoutait : Sire, je puis joindre à cette petite armée un trésor considérable en espèces et en bijoux qui vous sera bien utile, puisque vous m'avez fait l'honneur de m'écrire que vous craigniez de vous voir bientôt presque sans soldats, *surtout sans Suisses et sans argent!*

L'abbé Milet s'écrie en élevant les mains au ciel : Quel bonheur pour Henri, si cette lettre n'avait pas été interceptée !

Elle l'a été, monsieur, répond Espérie, non pas par la faute de notre agent ; car vous avez vu que je lui ai donné tout à l'heure, en parlant de lui, l'épithète de *fidèle*. Non, il n'y avait pas de serviteur plus *fidèle* que le bon et brave Adalard ; mais, parti du château à minuit, et chargé de cette dépêche, il a eu le malheur, quatre jours avant notre arrestation, de tomber de cheval et de se blesser grièvement. Baigné dans son sang et ayant perdu connaissance, il ne l'a recouvrée que pour se voir plongé dans une prison; on lui avait pris ses effets, tous ses papiers. Pauvre Adalard, fidèle écuyer de mon oncle, excellent ami d'Hunold, de notre famille, qu'es-tu devenu? ces bourreaux t'ont-ils arraché la vie, comme ils ont fait à mon malheureux père!

Il paraît, reprend l'abbé Milet, que les gens qui ont secouru cet Adalard ont lu ses papiers, les ont portés au seigneur de Haut-Castel? — A Remistan d'abord, qui est le digne confident d'Antoine. — Je le sais. — Ce méchant Antoine a trouvé soudain une occasion de perdre mon père, de nous perdre tous, et il l'a saisie....Mais voilà le seul crime du comte de Hautefère, si c'en est un que de s'intéresser à son roi légitime. L'autre imputation, d'enlèvemens de deniers publics, est une calomnie affreuse, ajoutée pour grossir ses prétendus torts. — Je vous crois; néanmoins comment avez-vous su les détails de la chute de cheval de votre agent et de ce qui s'en est suivi? — Adalard, dépouillé de tout, fut mis en prison; mais il trouva le moyen de nous faire parvenir un billet dans lequel il nous détailla tout ce qui lui était arrivé. Il finissait par conseiller à mon père de se sauver; mais le comte de Hautefère se sauver! mon père, fort de sa conscience et persuadé que l'intérêt qu'il portait à son maître n'était qu'un devoir qu'il remplissait, n'a jamais voulu suivre ce sage avis que lui ont également donné ma mère, moi et le comte de Rançon, mon aïeul. Il est resté sur la brèche et il a été victime de ce courage imprudent!

L'abbé Milet réplique : dans le sens des ligueurs, le comte votre père offrait bien une sorte du culpabilité; mais qu'elle est noble! qu'elle est honorable! ô sujet fidèle, c'est toi qui mérites bien la couronne du martyre! . . . . mais, mademoiselle de Hautefère, je reviens sur un point: le comte écrivait au Roi qu'il avait à lui donner une liste d'amis affidés et un trésor considérable? je tremble, mon Dieu, que ses ennemis n'aient trouvé ce trésor, cette liste; car ils n'auront pas manqué de piller votre château, suivant leur usage, quand ils font des exécutions aussi *justes*. Si cette liste fatale est tombée entre leurs mains, combien d'honnêtes gens vont se trouver proscrits!

—J'en frémis aussi, monsieur l'abbé.

Cependant,

Cependant, cette liste, je ne l'ai jamais vue ; mes parens n'ont fait que m'en parler, et sur les derniers temps encore. Quant au trésor, je ne devine pas non plus où il peut être. Mon père ne pouvait en avoir un ; car, son superflu, il le donnait aux malheureux de ses domaines, qui étaient en si grande quantité ! .... J'en avais l'emploi ; c'est moi qui portais à mille indigens le surplus de la dépense qu'exigeaient notre intérieur et une représentation conforme à notre rang. Ainsi j'ignore où sont ce trésor, cette liste, et si tout cela est tombé au pouvoir de nos implacables ennemis. Ma mère le sait mieux que moi ; car elle s'enfermait souvent des matinées entières dans le cabinet de mon père, avec lui, et il était défendu à qui que ce fût, à moi-même, d'en approcher.

Mademoiselle de Hautefère, reprend l'abbé Milet, tout ce que vous venez de me dire me décide à prendre une détermination dans laquelle je flottais encore incertain. — Laquelle? — Permettez moi de vous en faire un secret pour le moment.... jusqu'à ce que j'aie bien concerté le plan que je..... que je médite. Soyez sûre, aimable enfant, qu'il ne peut être qu'à votre avantage. Je donnerais ma vie pour vous être utile, et pour sauver votre malheureuse mère du danger qu'elle court. — Comment, du danger! que dites-vous, monsieur? — C'est maintenant, ma fille, qu'il vous faut appeler tous les secours de la religion! priez, priez pour votre mère; elle en a grand besoin! — Elle n'est plus? — Elle existe; mais un monstre, ne pouvant séduire sa vertu, menace ses jours. Il a juré sa perte. — Grand Dieu ! ce méchant seigneur de Haut-Castel? — Lui-même. Dans peu de jours, dit-on.... je ne puis m'expliquer davantage.... Tout dépendra d'une visite qu'il doit faire encore à la vertueuse Isabelle ; s'il en obtient ce qu'il desire.... — Ma mère est donc en sa puissance, M. l'abbé? ma gardienne n'a jamais voulu m'éclairer sur ce point ! — La comtesse de Hautefère, votre digne mère, est renfermée dans le château de Haut-Castel, sous la garde d'Antoine, lui-même, qui, dit-il, l'adore toujours et veut la forcer à lui donner sa main. Si elle résiste, je crains pour sa vie ; car le méchant met la vengeance au nombre de ses plaisirs les plus doux. — O Dieu de miséricorde ! souffriras-tu ce nouveau crime ! — Rassurez-vous cependant, jeune et intéressante Espérie ; j'ai quelque crédit sur l'esprit d'Antoine, je vais le trouver de ce pas. Je vais.... si mon plan réussit.... Adieu, fille de la malheureuse Isabelle! je vous reverrai.... nous nous.... Soyez sure que nous nous reverrons!

—Avant de me quitter, monsieur, permettez-moi de me présenter devant vous au tribunal de la pénitence.— Mon enfant, une circonstance que je ne me rappele qu'à l'instant, exige que je courre sans délai au château de Haut-Castel. Je tremble même qu'il ne soit plus temps! souffrez que j'aille travailler pour vos intérêts, pour ceux de votre mère. Ils sont pressans ceux de votre infortunée mère! quels péchés d'ailleurs auriez-vous commis, ange de vertus! Dieu daignera bien vous les remettre sans mon intercession auprès de lui. Encore une fois adieu! attendez mon retour avec une sainte résignation.

Le digne abbé Milet se retire, laissant Espérie livrée aux plus mortelles inquiétudes. Ses mots vagues, entrecoupés, la font frémir sur le sort de sa mère. Elle ne doute pas que le bon ecclésiastique ne vole au secours d'Isabelle ; mais elle craint *qu'il ne soit plus temps*, ainsi qu'il le laisse lui-même appréhender. Espérie ne peut que prier le seigneur de seconder les efforts de l'abbé Milet et de lui conserver sa tendre mère.

La vieille Maurille rentre : eh bien! dit-elle avec humeur, vous a-t-il donné l'absolution ? Je ne sais si elle est bonne de la part d'un pareil cafard ; pour moi, je ne m'en contenterais pas ; je croirais mon ame tout aussi bien souillée de péchés après qu'avant. Ce prêtre là n'est pas un bon prêtre ; il prêche en secret pour le huguenot ; personne ne s'en aperçoit ; mais moi, je vois cela. On l'estime pourtant, il a voix au chapitre ; nos ligueurs et le seigneur Antoine, lui-même, en font le plus grand cas. Je parierais pourtant que c'est un traître, qui travaille pour les deux partis, et sait les ménager en cas de besoin. Avez-vous vu comme il parlait devant moi de nos dignes catholiques et du pieux seigneur de Haut-Castel ! il a continué sans doute en mon absence ; il vous aura dit cent horreurs de ce saint personnage, et vous, vous lui aurez fait l'éloge de votre Béarnais ? — Madame, nous nous sommes occupés des devoirs de notre religion. — Cependant, vous avez l'air d'être toute consolée. — Il s'en faut de beaucoup que je le sois, je n'ai jamais éprouvé plus d'inquiétudes que dans ce triste moment. Un méchant menace, dit-on, les jours de ma mère ! —Bah ! qui dit cela ? Bien loin d'en vouloir à ses jours, le seigneur Antoine lui offre sa main. Que ne l'accepte-t-elle ? elle n'a que ce parti à prendre : elle serait heureuse désormais, et vous aussi ; car vous épouseriez le neveu d'Antoine, le seigneur Frédégond, homme de trente à trente-six ans, qu'on dit bien fait et du plus grand mérite. Moi, je ne l'ai jamais vu ; mais tout le monde le cite comme le plus aimable cavalier qui soit dans la sainte armée des ligueurs. —Qu'avez-vous dit madame ? moi, j'épouserais ?... —Le seigneur Frédégond. Quel déshonneur y aurait-il pour vous ? ne le feriez vous pas si on l'exigeait, s'il ne fallait que cela pour sauver votre mère ? —O Hunold !.... oui, je le ferais ! je me sacrifierais, mon cher Hunold ! et les jours de ma mère seraient ma récompense ! — Vous voyez donc bien qu'il n'y aurait rien d'impossible à cela. Que je voudrais le voir, ce beau seigneur Frédégond! le fils de la première femme de mon pauvre Maurille était son frère de lait; car Maurille ne m'a épousée qu'en secondes noces. Il était déjà veuf d'une femme qui avait nourri le seigneur Frédégond. Cette femme, son fils, Maurille, tout cela est mort; mais ils m'en ont tant dit sur les qualités du neveu du seigneur Antoine, que je ne sais pas ce que je donnerais pour le voir, ne fût ce qu'un moment. Oh, que vous seriez heureuse, si vous l'épousiez! Cela vaudrait mieux pour vous que votre petit-cousin, qui est l'ami des huguenots, et qui se fera faire, tôt ou tard, un fort mauvais parti. —

La veuve Maurille parlait toujours et Espérie ne l'écoutait pas. Son ame flottait

flottait entre mille irrésolutions. La vive tendresse qu'elle avait pour sa mère lui faisait desirer qu'Isabelle acceptât la main d'Antoine ; mais Espérie pensait qu'en même temps il lui faudrait épouser un autre que Hunold. Tantôt elle s'y décidait, et tantôt cette idée la glaçait d'effroi ; cependant elle était prête à tout faire pour sauver les jours précieux de sa mère chérie ! la tendresse filiale, la religion, tout devait la fortifier dans cette résolution.

La femme Maurille s'apercevant à la fin de la longue distraction d'Espérie, et voyant que ses discours ne pouvaient pas l'en faire sortir, quitta la chambre de colère et en marmottant entre ses dents : hom ! la sotte petite créature ! on lui parle raison, pour ses intérêts, et ça ne vous écoute seulement pas !

Espérie passa la journée et la nuit entière dans les mêmes craintes, dans les mêmes combats entre son devoir et son amour.

Le lendemain matin, la femme Maurille entra chez elle avec un air de joie qui ne lui était pas naturel. Consolez-vous, lui dit-elle, la belle pleureuse, et réjouissez-vous même de la bonne nouvelle que je vous apporte. M. le baronnet Rémistan va venir. —Vous appelez cela une bonne nouvelle? —Certes, c'en est une; car il vient vous chercher pour vous emmener passer la journée à la campagne? —Quel conte me faites-vous là? —Ce n'est point un conte, mademoiselle. Je n'ai ni assez d'esprit, ni assez de gaieté pour en faire. Ce que je vous dis est vrai : le baronnet vient vous chercher pour vous faire passer une journée dehors, afin de vous changer d'air, de vous faire du bien. —Du bien? je ne vois pas quel intérêt... —Ah! il en a un apparemment, et que je connais; mais il vous le dira lui-même, car le voici.

Rémistan entre, et de l'air le plus affable, il prie Espérie de s'asseoir. Il prend à son tour un siége, se place auprès d'elle et ordonne à la vieille Maurille de sortir, ce qu'elle fait.

Mon enfant, dit-il à Espérie, vous êtes surprise de me voir, et peut-être effrayée même; car mon ministère auprès de votre famille et de vous, n'a été jusqu'à present que rigoureux et pénible. J'ai eu de tristes devoirs à remplir, et mon cœur les a plus d'une fois combattus comme peu faits pour une ame telle que la mienne. Cependant, mademoiselle, dans ces temps de troubles, de conspirations, de guerres sanglantes, est-on maître de sa sensibilité ! il faut obéir aux ordres des chefs et se faire violence pour exercer une justice, douloureuse, mais nécessaire. Aujourd'hui, le devoir qui m'est imposé m'est plus doux, puisqu'il tend à adoucir votre sort, à le fixer peut être, pour la suite, de la manière la plus heureuse et la plus brillante. Je suis chargé par le seigneur de Haut-Castel de vous mener à l'instant au château de son neveu, le chevalier Frédégond, où il se trouvera, et vous fera part des projets qu'il a formés pour votre bonheur et le salut de votre mère. — Y verrai-je ma mère, monsieur ? — Il est possible... Suivant votre conduite... Oui, il est possible qu'on l'y fasse venir, que vous la voyez.

Espérie, jeune et sans expérience, ne saisit que ce seul espoir. On lui promet que, *selon sa conduite*, elle verra sa mère ! Espérie se conduira de manière à mériter cette faveur, quelque chose qu'on exige d'elle ; dut-on lui proposer la main du chevalier Frédégond, elle l'acceptera. Espérie suit donc le baronnet, qui lui donne la main, et dit en sortant à la vieille Maurille : on vous ramènera ce soir mademoiselle de Hautefère ; entendez-vous bien cela ?

Espérie frémit. Elle voit qu'on ne lui rendra pas complètement sa liberté, et elle ne sait plus que penser des suites de la démarche qu'on lui fait faire. Le baronnet la place dans une litière couverte, et voyage à cheval à côté de ses mulets. Après une heure de marche, la litière s'arrête dans une campagne riante, à la porte d'un joli château, dont le maître se présente soudain et donne respectueusement la main à notre prisonnière pour l'introduire dans un salon, où se trouve un seul étranger. Rémistan y entre aussi après Espérie, et notre jeune amie sent son cœur battre violemment, dans l'attente de ce qui va lui arriver de la part de ses hôtes. Me connoissez-vous, Espérie, dit l'un de ces trois particuliers? —Je ne crois pas, monsieur, vous avoir jamais vu. —Je suis Antoine, seigneur de Haut-Castel. —Vous! le persécuteur de ma famille! l'assassin de mon père! —Si vous n'étiez pas une enfant, je vous punirais de ces calomnies. Comme je ne veux, ni ne dois m'en excuser, il me suffira de vous dire que vous seule pouvez décider de la destinée de votre mère. — Moi, monsieur? ô bonheur! et que faut-il que je fasse? —Mademoiselle de Hautefère, asseyez-vous, et veuillez m'écouter avec attention.

Antoine avait prononcé ces mots avec plus de douceur ; ils rassurèrent Espérie. Antoine continua : Il me serait facile de me justifier des reproches que votre père, votre mère, et vous, à leur exemple, vous m'avez sans cesse adressés ; à vous entendre, je suis le plus grand ennemi de votre mère? Eh! comment cela se pourrait-il, quand elle n'a pas d'ami plus zélé que moi ! ne sait-elle pas, ne vous a-t-elle pas appris que je brûle depuis long-temps pour elle de la flamme la plus vive ! que mon bonheur, mon unique desir seraient de devenir son époux. Je vous le demande maintenant : un amant peut-il vouloir le malheur, encore moins la mort de l'objet qu'il adore ! qu'elle consente à recevoir ma main, ses fers sont brisés, nous devenons tous heureux, et ce changement inoui, vous pouvez l'opérer, vous, mademoiselle. —Moi, monsieur? —Oui? soyez la femme de mon neveu que vous voyez ; tout alors s'arrangera. —Je ne comprends pas... —Pardonnez-moi, rien n'est plus facile à deviner ; mais avant que je vous explique cette prétendue énigme, veuillez faire connaissance avec Frédégond. Vous dînerez avec lui, avec nous, et tantôt, je vous expliquerai ce que vous aurez à faire.

Antoine se retira ainsi que Rémistan, et Espérie resta, toute tremblante, avec Frédégond, dont la figure sévère et l'extérieur ne lui plaisaient nullement. Il lui adressa cependant la parole avec beaucoup de politesse, et lui dit : Mademoiselle, ce qui vous arrive, vous paraît sans doute fort extraordinaire. Je vous avoue que cette entrevue produit sur moi le même effet. Je ne m'imaginais pas qu'après avoir refusé tant de partis, j'arriverais à l'âge de trente-six ans pour me décider tout-à-coup et me marier avec une personne que je n'aurais pas eu l'honneur de connaître. Voici, mademoiselle, la cause de cet événement. J'aime mon oncle, qui me chérit comme son propre fils; il brûle d'amour pour la belle Isabelle de Rançon, votre mère; il présume que, si vous consentez à m'épouser, votre mère fera moins de difficultés à lui donner sa main. C'est dans ces vues qu'il m'a parlé de vous sous les rapports les plus avantageux, en m'engageant à vaincre ma répugnance pour le mariage en faveur de la beauté, de la jeunesse et de la vertu. Je lui ai objecté que je desirais voir au moins l'objet qu'il me destinait. Il vous a donc fait transporter ici, chez moi, nous laissant ainsi la liberté de juger si nous nous convenons. Le premier coup d'œil que j'ai jeté sur vous, mademoiselle, m'a soudain décidé. Suis-je assez heureux, daignez me le dire, pour avoir fixé votre choix de la même manière? — Monsieur, je.... je ne sais pas en vérité comment.... une infortunée prisonnière, une malheureuse orpheline.... — Mais vous n'êtes point orpheline, votre mère existe; elle vous sera rendue. Il ne s'agit que d'accepter la proposition qu'on vous fait, et d'engager votre mère à imiter votre exemple, en donnant à mon oncle une main après laquelle il soupire depuis bien long-temps.

Espérie sentait son cœur se serrer à l'idée de voir sa mère devenir la femme de l'assassin de son époux. Elle répondit cependant avec douceur: Monsieur le chevalier, daignez avant tout m'apprendre où est ma mère, les torts qu'on lui impute pour la tenir en captivité, et les dangers qu'elle court? — Mademoiselle de Hautefère, lui répondit Frédégond, ces détails, que vous me demandez, troubleraient trop, si je vous les donnais, la douceur de ce moment. Il faudrait que je vous apprisse, ce que vous ignorez peut-être, les fautes qu'a commises la comtesse Isabelle en imitant aveuglément la conduite d'un époux qui fut coupable.... coupable envers son pays et sa religion seulement; car, comme époux, père et simple particulier, Aldouin avait de grandes vertus; cependant ces vertus privées ne sont rien devant la raison d'état. Il fut immolé d'une manière odieuse sans doute; oh oui! mon oncle, moi, tous les ligueurs honnêtes en ont gémi..... Mais je ne veux pas m'appesantir davantage sur cette haute infortune qui r'ouvrirait la source de vos larmes. Il me suffira de vous dire que la comtesse Isabelle est accusée de complicité avec son mari, que cela..... peut..... peut la perdre, vous m'entendez trop !..... Elle est néanmoins dans le château de Haut-Castel, tout aussi bien soignée, sous les yeux de mon oncle, que si elle était chez elle. Vous savez que mon oncle, qui l'adore, a tout le crédit nécessaire pour la sauver; qu'elle se prête donc à cette louable intention; qu'elle prenne le titre honorable de comtesse de Haut-Castel, et le nom de son nouvel époux plongera dans un oubli éternel celui du premier, qui l'avait entraînée dans des erreurs qu'on saura pardonner. Je vous laisse, mademoiselle, faire vos réflexions sur ces propositions. Songez seulement que le temps presse, qu'il nous faut votre réponse aujourd'hui même, et que, dans une heure, je viendrai la chercher.

Il se retire, en saluant respectueusement Espérie, et après l'avoir examinée avec des yeux où se peignent déjà et l'amour et l'espoir.

Le lecteur, qui ne doute peut-être pas de sa sincérité, doit être néanmoins fâché de l'avoir entendu mentir, en disant qu'Isabelle était bien soignée dans sa triste prison. Peut-être aussi le lui avait-on dit et le croyait-il fermement. Jusque-là il se conduit bien. Poursuivons.

Espérie, restée seule, ne sait à quelle idée s'arrêter. Le chevalier Frédégond, dont le premier aspect n'est pas séduisant, a cependant des manières polies et même obligeantes. Sa voix est douce, ses discours annoncent une ame sensible ; il paraît s'intéresser au malheur. Ces réflexions lui gagnent un peu le cœur d'Espérie ; mais bientôt le souvenir du danger que court Isabelle la fait frémir. Elle est prête à accepter la main du chevalier et à employer larmes, prières, tout auprès de sa mère pour l'engager à faire à l'oncle le même sacrifice qu'elle fait au neveu ; car il lui faut renoncer à jamais à son cher Hunold. L'amour combat néanmoins dans son cœur, contre sa raison, et la victoire n'est pas entièrement décidée lorsque Frédégond revient.

Il est chargé d'un paquet de fleurs qu'il dépose devant Espérie. Il la supplie de lui permettre de faire de la musique avec elle. L'ame d'Espérie est trop triste pour se livrer à ce délassement. Cependant elle cède par complaisance, et prend une basse de viole dont elle accompagne le chevalier qui joue de la flûte.

Quel changement cette journée apporte dans la situation de notre jeune prisonnière ! Elle se croit transportée, par magie, dans un château de fées, et ne peut s'imaginer que la veille, le matin encore, elle était dans une étroite captivité.

On sert le dîner, auquel elle touche peu; mais elle est, toute surprise d'une pareille réunion, à table entre Antoine, son neveu, et en face de ce baronnet Rémistan qui a tant fait de mal à sa famille. Frédégond est aux petits soins auprès d'elle. Le seigneur de Haut-Castel ne parle que du bonheur dont les deux hymens projetés vont le faire jouir, et notre Espérie n'a pas la force de détruire ses folles espérances. Elle est trop jeune, trop peu expérimentée pour montrer du caractère dans une semblable entrevue ; elle se contente de se taire, ou de ne mettre dans ses réponses qu'une froide politesse.

Après le dîner, Frédégond la fait passer dans son cabinet, où les suivent Antoine et Rémistan. Eh bien! mademoiselle de Hautefère, lui dit Antoine, que pensez-vous de mon neveu? — Monsieur, répond Espérie, je ne puis que le remercier des égards qu'il m'a témoignés. — Consentez-vous enfin à l'épouser? — Ce serait mon bonheur, interrompt le chevalier?

Espérie se tait.

Antoine reprend : Voulez-vous me permettre, mademoiselle, de vous dicter une lettre pour votre mère. — Une lettre? Je ne la verrai donc pas? — Cela est absolument impossible ; mais

mais il vous est permis de lui écrire une lettre que je lui remettrai moi-même. — Monsieur! en grace, que je la voie? — Je vous répète, mademoiselle, que, moi-même, je n'ai pas le pouvoir de vous accorder cette faveur. Elle est sous la main de la justice, et je n'en puis arrêter le cours qu'en épousant Isabelle, dont la conduite, passée ou future, rentre alors sous ma responsabilité. Voilà ce qu'il faut pour écrire; je vais vous indiquer les expressions que vous devez employer. — Mais, monsieur?...

Le seigneur de Haut-Castel, qui n'aime pas être contrarié, reprend soudain son caractère qu'il a eu tant de peine à dissimuler, et lance un regard fulminant à la jeune Espérie, qui tremble et fait, sans plus hésiter, ce qu'on exige d'elle. Voici ce que lui dicte le fier Antoine.

« On me permet enfin de t'écrire ; » ô ma mère, et l'on te permettra » de même de répondre à ta fille » chérie. Mon sort est changé et paraît » devoir devenir des plus heureux. » Je ne suis plus sous les verroux d'un » farouche geolier, mais dans le » château du chevalier Frédégond, » neveu du seigneur de Haut-Castel, » et près de ce seigneur lui-même, » qui m'accable de bontés ! Oh ! que » nous l'avons mal jugé, ma mère ! » il ne veut que mon bonheur et le » tien ! il m'engage à accorder ma » main à son digne neveu, et brûle » de te donner la sienne. Je te vois » frémir, ma bonne mère, d'après tes » préjugés contre lui ; mais cesse » d'en avoir, il le mérite. L'amour » qu'il a pour toi, l'égara sans doute » dans quelques occasions ; mais c'est » qu'il est si fort, son amour ! ....

» écoute, ma tendre mère ! pense » sérieusement à tes intérêts, à ceux » de ta fille qui t'implore. Le seigneur » de Haut-Castel m'assure que, s'il » t'abandonne, tu es perdue ! ce mot » me fait frémir ! s'il t'épouse, au con- » traire, tu rentres dans la société, » dans tes propriétés, et j'ajoute au » titre si doux de ta fille un lien non » moins sacré, celui de l'épouse du » neveu de ton mari ! ma mère, ma » bonne mère, ta vie en dépend ! » on me l'assure ! Oh ! conserve-toi » pour moi, pour moi ! qui mourrais » aussi si j'avais le malheur de te » perdre ! mon Dieu ! veuillez tou- » cher le cœur de ma mère et la » rendre accessible aux pressantes » sollicitations de son enfant, dont » la vie, les goûts, les inclinations, » les sentimens, tout lui est con- » sacré !

» Fais, ô ma mère, de promptes
» réflexions, et daigne en communi-
» quer un résultat heureux à ta
» suppliante

» ESPÉRIE ».

Plusieurs expressions de cette lettre avaient souvent contrarié la jeune personne ; mais le seigneur de Haut-Castel dictait, et il ne fallait pas, en résistant, allumer un courroux qui pouvait retomber sur Isabelle. L'innocente créature écrivit, signa l'envoi, et soudain Antoine s'en empara, en lui promettant qu'il se ferait un devoir, ainsi qu'il l'avait déjà assuré, de la remettre lui-même à la comtesse.

Dès ce moment, il devint rêveur et plus sérieux envers Espérie, à qui Frédégond ne cessait pas de prodiguer les assurances d'un amour éternel, et, lorsqu'il vit la nuit s'approcher, Antoine ordonna durement à Rémistan de reconduire la belle prisonnière à la tour de Cahors. Quoi! s'écria Frédégond, pourriez-vous, mon oncle, rendre des fers honteux à cette main qui va m'appartenir! —Frédégond, lui répondit Antoine, vous savez que c'est notre condition? —J'ai voulu voir mademoiselle un instant, il est vrai, afin de me décider sur l'ordre que vous me donniez de l'épouser. Il était naturel que je connusse celle que vous me destiniez; mais, à présent que je vois la jeune personne la plus belle, la plus vertueuse, la plus accomplie, puis-je consentir à m'en voir séparé, sachant surtout qu'on va la rejeter dans sa triste prison. Mon oncle! vous m'accorderez sa grace et sa liberté, je l'espère! ou bien! . . . . nous nous brouillerons!

Le chevalier manifestait tous les symptômes d'une rage concentrée. On voyait qu'il était prêt à manquer à son oncle. Celui-ci lui répondit d'un ton impérieux : Chevalier ! oubliez-vous à qui vous parlez ! ne vous rappelez-vous pas que je vous ai puni plusieurs fois de pareils emportemens ! gardez-vous de vous opposer à mes volontés, ou je saurai vous prouver encore et le poids et les droits que j'ai sur vous ! Au surplus, qu'un amour, né si brusquement, ne s'alarme pas d'une précaution que je veux prendre ; et qui doit avoir un terme très-prompt. Demain, monsieur, pas plus tard que demain, j'irai voir cette fière Isabelle. Je lui montrerai cette lettre de sa fille ; j'y joindrai mes sollicitations pour toucher son cœur endurci, et, si elle consent à m'épouser, je vous rendrai votre Espérie, je la réunirai à sa mère. Vous savez que je tiens à mes volontés ; jusques-là, obeissez?... Un regard, lancé par ce despote sur son neveu, parut terrifier celui-ci, qui se contenta de dire à Espérie : Adieu donc, belle et intéressante femme, que je n'aurais jamais dû voir! quelque chose qui arrive, vous trouverez toujours en moi un protecteur et un époux!

Il se retire en cachant ses yeux avec ses mains, comme s'il était prêt à répandre des larmes. Son oncle le suit, et notre Espérie reste avec Rémistan qui la reconduit à Cahors de la même manière qu'il l'en a amenée.

On voit qu'Antoine de Haut-Castel n'avait suscité cet incident que pour tirer de la jeune personne une lettre en sa faveur. Ce n'était pas qu'il aimât bien fortement Isabelle, ni avec la même tendresse qu'il avait ressentie autrefois pour elle ; mais son amour-propre avait été blessé en la voyant choisir pour mari un autre que lui, et son amour-propre ne pardonnait que lorsqu'il était satisfait. Il fallait, pour le contenter, qu'Antoine épousât Isabelle, dût-il la négliger après et la réléguer dans un couvent, ce dont il se serait arrogé le droit. Il en avait même le projet, tant il était vindicatif et méchant ! ce n'était donc pas par amour qu'il voulait avoir Isabelle.

Son neveu Frédégond, mauvais sujet comme lui, quoique avec plus de formes, lui avait joué mille tours de jeunesse. Antoine voulait le remarier, et, lui ayant proposé la fille d'Isabelle, comme si elle dépendait de lui, le chevalier avait exigé qu'on lui montrât au moins cette prétendue

qu'on

qu'on le forçait d'épouser. Il l'avait vue, il la trouvait charmante et paraissait en être sérieusement amoureux. Quant à Antoine, comme toute sa félicité était de faire continuellement le malheur d'autrui, il n'avait eu d'autre but, en faisant rentrer Espérie dans la tour de Cahors, que de contrarier un moment deux personnes qu'il croyait éprises l'une de l'autre en quelques heures de temps; car, ignorant la tendresse qu'Espérie avait vouée, dès l'enfance, à son cousin Hunold, il ne lui supposait, dans le cœur, aucune inclination.

Antoine d'ailleurs tenait la lettre qu'il desirait; il n'avait plus besoin de se mêler d'Espérie, ni des nouvelles amours de son neveu.

On a vu que, muni de cette lettre, il s'était rendu en effet, avec son digne Rémistan, à la prison de la comtesse de Hautefère ; mais, ne l'ayant pas visitée de tout l'hiver, Isabelle étant maigrie, changée par la douleur et les maux physiques, son premier aspect fit sur Antoine une impression toute différente de celle à laquelle il s'attendait. Son marasme, ses larmes, tout le rebuta. Il s'écria durement devant elle : *cette femme est maintenant un spectre ; je n'en veux plus.* Alors, sans lui donner la lettre de sa fille qu'il tenait à sa main, il se retira brusquement, et cette ame féroce eut la barbarie de dévouer à la mort celle qu'elle avait réduite au point de chasser de son cœur un simple caprice d'amour ! c'était un véritable brigand, qui, se permettant tous les excès, faisait trembler la province, et qu'aucun parlement n'osait décréter de prise de corps, tant il était puissant. On l'a déjà dit, et, l'histoire à la main, on se convaincra facilement que cet atroce personnage n'est pas inventé; que, dans toutes les provinces de France, il existait, dans ces temps de troubles et de licence, des gentilshommes semblables en tout à cet odieux de Haut-Castel. Mais retournons avec l'innocente Espérie.

Il était nuit fermée quand on la ramena à la femme Maurille, qui s'ennuyait de ne pas la voir revenir. Ah ! Dieu merci, mon enfant, vous voilà, lui dit cette bavarde ! je tremblais qu'on ne vous retînt, qu'on ne vous eût rendu votre liberté. — Cette crainte, madame, est obligeante. — Je m'entends : je veux dire qu'on ne vous eût rendu votre liberté sans m'en prévenir, sans m'annoncer cette agréable nouvelle ; car je m'intéresse à vous !.... sainte Vierge ! moi vous souhaiter des maux! Je désirerais que ceux que vous souffrez finissent. A propos, dites-moi, avez-vous vu le charmant seigneur Frédégond? —Je l'ai vu. —Quel homme est-ce? il est beau n'est-ce pas? c'est un brun? — Très-brun. — Un beau brun!.... grand, bien fait? — Assez bien. —Cela a t-il trente-six ans? —Je n'en sais rien! —Un beau brun!.... Vous l'a-t-on présenté pour époux. —Hélas! oui. —Comment, hélas! vous l'acceptez sans doute? — Il le faut bien... mon Hunold, dame Maurille! mon cher Hunold! —Bah, bah! voilà un joli choix; un enfant élevé dans l'amour des huguenots; au lieu que le seigneur Frédégond!... dès tout petit, m'a dit feu mon homme, il annonçait qu'il serait malin, et gentil! mais, mon Dieu, est-ce que je ne le verrai jamais! —Dame Maurille, j'ai besoin de repos. — Et moi donc? croyez-vous que je ne sois pas fatiguée; le soir, toute la journée, il faut monter, descendre, ouvrir des portes, des grilles, un cachot à droite, un cachot à gauche. Si je n'avais pas tant d'humanité, et si je n'aimais pas mon état comme je l'aime, je ne le ferais pas; non, mon enfant, je vous assure que je ne le ferais pas. Allons, reposez-vous, et demain, si j'ai le temps, je viendrai vous tenir compagnie! .... Adieu... un beau brun! oui, il devait être comme cela?

Elle se retira. Espérie, la tête et l'esprit accablés du singulier événement de la journée, chercha en vain un repos qu'elle ne pût goûter. Elle pensait successivement à Frédégond et à son cousin. Le premier était bien; mais il avait la figure dure, prononcée, et il appartenait de trop près à Antoine pour toucher jamais le cœur de la fille de sa victime. Le second.... oh! qu'il était bien plus aimable, le second! vingt ans! fait à peindre! sa tête, couverte d'une longue chevelure blonde qui flottait sur ses épaules, faisait admirer des traits aussi doux que délicats; mais cela n'était rien auprès de son cœur et de son esprit. Quelle ame il avait!.... Eh bien! se dit Espérie, pourquoi donc employai-je cette expression *il avait?* Est-ce qu'il n'est plus?... oh! il existe sans doute encore, mais c'est que je ne dois plus le revoir! il est mort pour moi! je n'entendrai plus sa voix si douce me chanter ce couplet qu'il avait fait pour moi.

Ma mie,
Ma douce amie,
Je t'aimerai toujours.

Toute ma vie,
Par toi, pour toi, n'aura que de beaux jours,
Ma mie,
Ma douce amie!

Non, mon Hunold, tu ne me diras plus : *Ma bonne petite cousine, je te jure que je n'aurai jamais d'autre femme que toi.* Je lui faisais le même serment relativement à un époux, et, aujourd'hui..... aujourd'hui même, j'en ai accepté un autre! Comment cela s'est-il donc fait, que j'aie sacrifié mon Hunold à un homme que je n'ai vu qu'une demi-journée! O mon Dieu! tu le sais! tu sais que, dans le seul espoir de sauver ma mère, j'ai fait ce sacrifice, le plus pénible pour mon cœur! Hunold! j'ai une mère; je lui dois ma vie, mon amour, toutes mes affections. Ne me fais jamais de reproches, Hunold; ils aggraveraient le chagrin que j'éprouverai, toute ma vie, de t'avoir perdu!

C'est en faisant mille réflexions de ce genre, qu'Espérie passa cette nuit agitée.

Le lendemain, elle ne vit personne de la journée, pas même la femme Maurille, qui apparemment avait eu trop d'occupations dans son charmant état, qu'elle aimait tant! Nouvelle nuit, un peu plus tranquille pour notre aimable enfant.

Le matin de ce second jour, un commencement d'orage effraya Espérie sans qu'elle pût s'en rendre raison. Elle était habituée à ces sortes de phénomènes et n'avait pas une très grande peur de la foudre. Celle-ci lui causa un serrement de cœur dont elle ne put se défendre. Elle ouvrit sa petite croisée, qui donnait au loin sur la campagne, et, regardant à travers ses barreaux, elle vit que le ciel, chargé de nuages fulminans, annonçait une tempête des plus violentes. Elle se jeta à genoux, et pria l'Être Suprême d'épargner ses créatures, dont quelques-unes périssent toujours dans ces grandes crises de la nature. Après sa prière, elle sentit ses genoux fléchir, et perdit presque connaissance. Revenue à elle, elle s'étonna des maux peu naturels qu'elle souffrait, et elle en accusa la chaleur, qui était en effet excessive ; mais bientôt ses larmes coulèrent sans qu'elle en eût de plus grands motifs que ceux de ses chagrins de tous les jours. Elle pleura abondamment, et son cœur se serra de nouveau, comme si elle apprenait une nouvelle des plus affligeantes. Mon Dieu, s'écria-t-elle, serait-ce un funeste pressentiment? arriverait-il quelque malheur à ma mère? à Hunold? à quelqu'un de ma famille? et ce digne abbé Millet, qui ne revient plus me voir, qui m'aurait donné des nouvelles? je n'ai que lui pour m'éclairer, pour m'instruire, pour me consoler! et il m'abandonne! tout le monde m'abandonne! jusqu'à cette femme Maurille, que je n'ai pas vue depuis avant-hier. Mon Dieu! qui soutiendra mon courage? qui me dira ce qui se passe, en bien ou en mal, pour moi, pour ma malheureuse mère?

Espérie n'a plus la force de réfléchir. Elle examine, toute la matinée, les orages qui se calment ou se succèdent, et ne sait ce qui rend son ame plus triste, ce jour-là, que tous les autres.

La concierge vient passer, auprès d'elle, quelques momens qu'elle emploie à babiller, comme à son ordinaire, sur des choses fort insignifiantes d'abord, et ensuite sur le tonnerre, dont elle raconte à Espérie des effets effrayans, qu'elle a vus, dit-elle, et qui terrifient davantage l'ame, déjà anéantie, de notre jeune prisonnière. La femme Maurille sort, rentre, et fait ainsi plusieurs visites à Espérie, jusqu'au soir, où l'orage devient plus terrible que jamais. Cette fois, la femme Maurille reste avec Espérie, auprès d'une lampe, dont la pâle lueur ajoûte encore aux terreurs qu'éprouvent ces deux femmes éblouies presque continuellement par les plus forts éclairs. En s'entretenant toujours des effets du tonnerre, elles croient qu'il tombe sur la tour, qu'elle va s'écrouler.... Leur crainte paraît se vérifier. Tout à-coup, la tour tremble; plusieurs objets, placés sur des tables, tombent; des siéges roulent; le peu de vaisselle, que renferme une armoire de la chambre, se brise, et notre Espérie, ainsi que sa compagne, sont renversées à terre où toutes deux perdent connaissance.

Espérie la recouvre la première. Elle entend les guichetiers qui courent l'escalier en criant : Dame Maurille! dame Maurille! où êtes-vous? êtes-vous morte de ce tremblement de terre?

La terre a tremblé, s'écrie à son tour Espérie! quel malheur! dame Maurille, relevez-vous, on vous appelle.

Dame Maurille ne remue pas plus qu'un bloc de marbre. Espérie ne possédant rien qui puisse la faire revenir, prend le parti de s'emparer du trousseau de clefs qu'elle porte à sa ceinture, et d'ouvrir elle-même sa porte, que la vieille a toujours l'habitude de refermer en dedans, quand elle vient lui tenir compagnie. Espérie appelle les guichetiers au secours de leur maîtresse. Deux de ces hommes entrent, et croyant cette femme morte, ils l'emportent dans sa chambre. Mais, avant de sortir de celle d'Espérie, l'un de ces deux brutaux dit à l'autre : Ce temps-là va bien contrarier les curieux qui étaient aller voir la fameuse exécution qui s'est faite ce soir, dans la plaine là-bas! — J'ai bien fait de ne pas y aller, dit l'autre. — Et moi aussi, répond le premier. Le beau plaisir de voir décapiter une femme toute seule. S'il y avait une centaine de condamnés, ça serait plus gai. — Avec ça qu'on dit qu'elle ne l'a pas mérité du tout, que c'est le haut et puissant seigneur de.... tu sais bien? qui lui en veut. — Paix! tais-toi; tu parles sans savoir ce que tu dis.

Ces misérables se retirent avec la vieille qu'ils traînent, et notre Espérie reste livrée à la plus mortelle inquiétude. Une femme, se dit-elle, à qui un haut et puissant seigneur en voulait.... Mon Dieu! serait-ce ma mère? ce ne peut être que ma malheureuse mère!...

Elle verse un torrent de larmes et n'entend plus ni la pluie, qui tombe à verse, ni les sifflemens aigus des vents déchaînés.

On l'a renfermée de nouveau, elle ne peut sortir, et, probablement, elle ne reverra plus de la soirée la femme Maurille, qui peut-être est morte de sa frayeur!... Qui l'éclairera? qui l'instruira, cette pauvre enfant, sur le nom, sur le prétendu crime de la victime qu'un grand vient de sacrifier à sa vengeance?

On juge de la nuit qu'elle dut passer, après cette funeste lumière et les troubles de la journée. Elle s'était mise au lit ; mais ses paupières restaient ouvertes; son cœur battait, et ses pensées flottaient incertaines sur mille tableaux douloureux que la terreur offrait à son imagination troublée. Toute la nuit elle eut une espèce de cauchemar et fit les rêves les plus sinistres.

Elle crut, entre autres écarts de sa raison, se trouver dans un caveau gothique où s'élevait une quantité de tombes. Une était vuide et placée près d'une autre sur laquelle on voyait un mort enveloppé de son linceul.... Tout-à-coup, ce mort se lève sur son séant, débarrasse ses mains, les lève vers la voûte et semble implorer la divine providence... Cette voûte s'ouvre ; une femme, vêtue de blanc en descend, droite comme on représente la sainte Vierge. Elle se couche dans la tombe vide. Le mort, son voisin, pousse un profond gémissement et se remet à sa place, tel qu'il était auparavant.... Le lieu de la scène change. Espérie se trouve sur les bords de la mer, pendant une tempête affreuse et dans une nuit profonde. Ces deux mêmes corps, qu'elle a vus sur leurs tombes dans le caveau, sont encore là, mais couchés sur des lits de fleurs et de roses. La pluie ne tombe qu'autour d'eux ; la foudre les épargne. Une lumière éclatante paraît au firmament, qui s'ouvre et laisse voir deux anges, faisant flotter, du haut du ciel, la couronne du martyre sur les têtes des deux cadavres.... mais ces cadavres reprennent leurs formes humaines ; ils se dressent, s'approchent, s'embrassent, et se tenant serrés étroitement, ils montent

lentement

lentement jusqu'au ciel, qui les reçoit et se referme. Espérie n'entend plus que les concerts mélodieux des anges, qui font résonner leurs harpes d'or, à l'arrivée de ces Justes.

Espérie réfléchit sur cette vision, et pense qu'elle lui a retracé son père et sa mère allant jouir, dans le ciel, de la récompense due à leurs malheurs, à leurs vertus..... Cependant elle n'a reconnu aucun de leurs traits, de leurs traits chéris qui sont si bien gravés dans son cœur. Elle soupire, ferme les yeux, et un nouveau tableau vient agiter encore ses sens agités.

Cette fois, sa mère elle-même, sa mère qu'elle reconnaît bien, lui apparaît couverte d'une robe de fin lin, éclatante de blancheur. Son sang coule, mais de sa gorge seulement, et il inonde de pourpre cette robe de lévite. Isabelle montre à sa fille sa blessure mortelle, en lui disant, d'une voix sourde et sépulcrale : *Venge-moi !....* Mais un saint, dont la tête est ornée de l'auréole immortelle, descend dans un nuage. Espérie admire en lui tous les traits d'Aldouin. Ce saint personnage cache le premier dans l'épaisseur de son nuage, et dit à sa fille, en lui montrant, de l'index, le firmament : *ma fille, pardonne à nos ennemis ; imite ton père, si tu veux jouir, avec lui, dans le ciel, de la béatitude éternelle.* Tout disparaît, et le seigneur de Haut-Castel, ainsi que son neveu Frédégond, sortent d'un bois ténébreux, poursuivis par des lions furieux. Antoine et Frédégond veulent s'emparer d'Espérie ; mais le feu du ciel les foudroie, et les lions se changent en de tendres agneaux qui bondissent autour d'Espérie renversée.... elle se réveille.

Ces jeux de mon imagination terrifiée, se dit-elle, seraient-ils néanmoins un avis du ciel qui me présagerait la chute de nos ennemis et l'élévation des auteurs de mes jours dans l'asile éternel des bienheureux? Ma mère n'existerait donc plus? elle serait donc cette femme infortunée dont parlaient hier ces deux misérables, et qui aurait péri victime de la haine d'un grand, de la haine d'Antoine? il n'en faut pas douter. O ma mère, ma mère! daigne te remontrer encore à ta fille éplorée, et lui expliquer ce que ces visions ont de réel? oui! qu'elle jouisse toujours de ta présence chérie, et veuille bien, par la sagesse de tes conseils, relever son courage abattu!

Espérie chercha à se rendormir

pour renouer, s'il était possible, un troisième rêve; mais ce fut en vain; le sommeil s'éloigna de sa paupière, et le jour la surprit fondant en larmes, appelant à grands cris les saints personnages qu'elle avait vus deux fois en songe.

Le soleil avait à peine recommencé sa carrière diurne, lorsque la vieille Maurille ouvrit la porte de notre affligée prisonnière et s'empressa d'accourir à son lit. La concierge avait la douleur peinte dans les yeux, et pour la première fois, ses traits annonçaient un vif intérêt qu'elle ressentait pour Espérie. Mon enfant, lui dit-elle, je me suis bien inquiétée de vous cette nuit; comment l'avez-vous passée? — Pas bien, madame; mais vous-même? vous vous êtes trouvée mal, hier soir, de manière à faire craindre.... — Oh! ne parlons pas de moi ; je n'ai plus rien, moi. Il est vrai qu'on m'a cru morte, tant la violence de ce tremblement de terre m'avait effrayée ! Sainte Vierge, quel bouleversement ! mes deux tasses de porcelaine sont en mille morceaux, tout est brisé chez moi ! et ici ?... tout est cassé de même. Mon Dieu ! est-ce que ce serait la fin du monde ? il y aurait lieu de le croire, les hommes sont si méchans ! ces maudits huguenots nous attireront la colère céleste, qui réduira la terre en poussière pour accorder tous les différens et concilier tout le monde ! Jamais, de mémoire d'homme, on n'a vu un pareil tremblement de terre ! et une pluie, et des tempêtes, et des ouragans, ah !... Mais ne parlons plus de cela, nous avons des chagrins plus sensibles à adoucir ; ce chaos de la nature passera, tandis que la peine que vous allez éprouver sera éternelle. — Je vous entends, madame, ma mère n'est plus !

La femme Maurille se rapproche de son oreille, et lui dit à demi-voix : On assure qu'elle était innocente, et cela donne une vilaine réputation au seigneur de Haut-Castel qui ne l'a sacrifiée, dit-on, que parce qu'elle ne voulait pas l'épouser! — Les voilà donc accomplis, mes funestes pressentimens ! ma mère ! Dieu a permis que vous m'apparussiez en songe, pour m'annoncer et le crime et votre récompense. Elle est dans le ciel, dame Maurille, oui, ma mère est dans le ciel ! — Pardi, je le crois bien ; eh qui y serait donc? c'est la place de l'innocence.... Vous pleurez, pauvre petite ! oh bien, allons, pleurez, soulagez votre cœur ! — Ah ! madame, je n'en aurai pas moins la force d'écouter les détails de cette scélératesse, si vous avez la complaisance de me les raconter. — Qui, moi ? je ne sais pas tout cela ; je ne suis pas assez instruite des détails. On m'a dit seulement que votre malheureuse mère avait été immolée, hier, dans la plaine qui est entre Corjac et Cahors ; voilà tout ce que je sais ; mais, si vous voulez des détails, M. l'abbé Milet, qui est là, et que j'ai oublié de vous annoncer, vous les donnera. — Oh ! de grace, faites entrer M. l'abbé Milet ; que je le voie, que je lui parle ; qu'il daigne m'offrir des consolations, s'il en est dans une situation comme la mienne ! — Je n'ai eu garde, mon enfant, de lui refuser la porte, par égard pour vous ; car pour lui !... Je vais donc lui ouvrir ; mais je vous préviens d'une condition, qui est de rigueur, et que je lui ai imposée aussi, c'est que je serai présente à votre entretien, tant qu'il durera. Vous pourrez vous plaindre, gémir, pleurer tant que vous voudrez ; vous pensez bien que, malheureuse comme vous l'êtes, je ne vous en empêcherai pas ; mais je veux être là, y consentez-vous ? — Oui, oui ; mais qu'il entre ?

La vieille ouvre à M. l'Abbé Milet. Ce sage ecclésiastique s'avance à pas lents vers le lit d'Espérie ; la voyant en pleurs et lui tendant une main, l'abbé Milet s'en saisit, la presse sur son cœur et lui dit : pauvre petite ! sauriez-vous déjà ?... — Je ne sais que la mort de ma mère, M. l'Abbé. Daignez m'en apprendre les causes et les funestes détails ? — Ils font frémir, mon enfant ! ils prouvent que la corruption du cœur humain n'a plus de bornes, dans ce siècle de crimes et d'horreurs ! ô religion sainte de de Jésus mourant sur la croix pour racheter les péchés des hommes! peux-tu servir de voile à de pareilles atrocités!... Mademoiselle de Hautefère, appelez à votre secours les dogmes pieux de cette religion toute divine, et ne voyez, dans la mort des auteurs de vos jours, qu'un bienfait du créateur qui les appelle plutôt dans son sein paternel.

Mon père le disait, le pressentait, interrompt Espérie : Il nous dit un jour, la veille même de celui où nous le perdîmes : *Dieu ouvre son sein à l'innocent, frappé par le crime, afin de le dédommager d'avoir vu abréger sa vie mondaine, en se hâtant d'avancer son entrée dans la vie céleste, qui ne doit plus finir pour lui.* Voilà ses propres expressions, M. l'Abbé; je les ai retenues et je ne les oublierai jamais!

Ceci, reprit l'abbé Milet, doit donc être pour vous une grande consolation de savoir qu'ils participent maintenant au bonheur éternel! Dieu vous les a retirés; mais, Dieu, en même-temps, va changer votre sort; et, quelque voie qu'il prenne pour terminer vos infortunes, il est certain, au moins, qu'elles vont être adoucies. Ecoutez-moi avec attention. — Je vous écoute, monsieur, et semble entendre encore, en vous, la voix de mes vertueux parens.

L'abbé Milet s'assit et parle de cette manière : Le chevalier Frédégond, neveu, comme vous le savez, du seigneur de Haut-Castel, va se rendre ici.

La femme Maurille, au comble de la joie, s'écrie : Le chevalier Frédégond? — Oui, madame. — Il va venir? — Ce matin, à l'instant même; il est peut-être déjà dans la cour. — Est-il possible ! je ne me sens pas d'aise. Que j'aille donc, que je courre donc bien vîte pour le recevoir de mon mieux ! Je lui parlerai de mon mari, de sa mère nourrice, de son frère de lait. Oh ! que je brûle de le voir !... Je me sauve ; sans adieu. Parlez, parlez, M. l'Abbé ; consolez cette chère enfant ; je ne vous gênerai pas ; parlez, parlez ?

La vieille bavarde se retire, au grand contentement d'Espérie, et surtout de l'abbé Milet qui n'osait s'expliquer ouvertement devant elle.

Quand elle est partie, le sage Abbé reprend la parole : Nous voilà libres maintenant, dit-il, de causer ensemble et de donner toute expansion à notre haine pour les méchans. Vous saurez, mademoiselle de Hautefère, qu'en vous quittant, il y a quelques jours, je me rendis sur-le-champ au château de Haut-Castel, où je demandai à parler au seigneur.... Je fus son précepteur, mademoiselle! je ne devrais pas m'en vanter, puisque son odieux naturel l'a emporté sur toutes les leçons de douceur, de bonté, que je lui ai données. Son père était un homme des plus estimables. Il m'avait choisi pour instruire son fils; je l'ai eu dès l'âge de dix ans; mais je ne tardai pas à remarquer que j'avais affaire au plus méchant enfant qui soit sur la terre.... Abrégeons sur les années perdues de son éducation, et ne parlons, mademoiselle, que de ce qui vous concerne.

« Vous devinez bien que, malgré tous ses vices, Antoine de Haut-Castel, cafard et bigot, a dû conserver quelques égards pour moi. Il m'écoute avec assez de docilité; mais il n'en fait toujours qu'à sa tête. Je fus donc le trouver. Je lui dis que je vous avais vue, que vous étiez la candeur, l'innocence et la beauté mêmes.... Son neveu était présent. Il s'enflamma à l'éloge juste et mérité que je fis de vous. Je profitai de l'intérêt que le jeune homme vous témoignait, sans vous connaître, pour reprocher à l'oncle la conduite plus que sévère qu'il tenait envers une famille plus imprudente que coupable, relativement au crime d'état dont on l'accusait. Il voulut essayer de prouver ce crime, et se rejeter ensuite sur la rigueur des lois. Je l'arrêtai là; je lui fis observer qu'un amour dédaigné était la seule cause de son ressentiment.... Poussé dans ses derniers retranchemens, son orgueil alors prit le dessus; il convint de tout, me traita avec quelque dureté et me protesta qu'il ne suivrait, pour se conduire, les avis de qui que ce fût.

» Forcé alors de céder à sa manie pour ne pas le pousser à bout, je cherchai à l'attendrir pour vous, pour celle surtout qu'il avait tant aimée et qu'il aime encore (je le croyais du moins)! Je lui représentai qu'Isabelle, devenue malheureusement veuve, pourrait céder à mes sollicitations, à mes prières, et consentir à recevoir sa main. Je lui demandai, en conséquence, la permission de voir cette infortuée dans sa prison. Il me la donna, après quelques réflexions mentales, et il ajouta : Voyez-la, M. Milet, et dites-lui bien que si elle s'obtine à me refuser, je laisserai à la justice un libre cours, que j'ai suspendu jusqu'à présent par un reste de pitié, plus que d'amour pour elle. Je donnerai même Espérie à mon neveu, si la mère et la fille ont la prudence de céder à ces deux honorables propositions.

» Le neveu, enchanté, me fit répéter tous les éloges que j'avais faits de vous, et demanda à son oncle la faveur de vous voir, pour juger, par lui même, de vos attraits et de vos vertus. J'arrangeai alors la visite qui s'est effectuée il y a trois jours, et je quittai Antoine et Frédégond très-contens de moi.... Je courus à la prison d'Isabelle.... Il me fut impossible d'en approcher! Antoine, malgré sa sa promesse, prit un grand soin de m'en écarter, en sorte que je n'ai pu, depuis lors, ni parler à Isabelle, ni revoir Antoine auquel j'aurais justement reproché son manque de parole. Quoi qu'il en soit, j'ai été instruit, par un affidé, de ses moindres démarches. J'ai su que, suivant le plan indiqué par moi, on vous avait transportée au château du chevalier Frédégond, et qu'on vous y avait (chose par exemple que je m'étais bien gardé de conseiller) dicté une lettre à votre mère pour l'engager à céder aux vœux d'Antoine. J'ai su encore que ce méchant seigneur, muni de cette lettre, a été, avant-hier, chez Isabelle, pour la lui remettre, mais qu'à l'aspect des traits décolorés de cette infortunée, son faible amour, s'étant évanoui soudain, n'avait plus laissé de place qu'à la vengeance et à la soif du sang qui dévore son cœur affreux. Je n'ai que trop prévu alors la suite de ce changement subit. En effet, votre malheureuse mère a été accusée, hier, des plus odieuses calomnies, et condamnée, par des juges iniques présidés par Antoine, à une mort injuste.... qu'elle a subie le soir soir même, avant la secousse qui a ébranlé toute cette province..... La populace, ivre de joie, aurait peut-être insulté à ses restes précieux, si elle n'eût été dispersée tout-à-coup par la violence de la tempête et l'abondance des torrens qui tombaient avec fracas des cataractes du Ciel. La plaine en fut inondée ; elle l'est encore à ce que m'a assuré quelqu'un qui l'a visitée ce matin, en revenant de Corjac à Cahors. Il y a vu des corps de gens qui ont été noyés, et sans doute celui de votre mère, qui gît là sans sépulture !.... Voilà le malheur qui vous est arrivé ; écoutez maintenant les projets qu'on a sur vous. »

Espérie n'écoutait plus rien, elle pleurait, elle gémissait, elle appelait sa mère..... L'abbé Milet eut beaucoup de peine à la remettre en état d'entendre la suite de sa narration, qu'il fit en ces termes :

« Le chevalier Frédégond ne vaut guère mieux que son oncle, qui l'a élevé, c'est tout dire ! cependant vos charmes et vos malheurs l'ayant touché, il a été le premier à faire à Antoine de vifs reproches sur l'acte de barbarie qu'il exerçait. Antoine, qui ne souffre pas de remontrances, aime encore moins les reproches ; il s'est emporté d'abord contre son neveu ; mais ce dernier, suivant son usage en pareil cas, ayant cédé, prié, intercédé pour vous avoir en sa possession, Antoine lui a donné, hier matin, par écrit, le pouvoir de briser vos fers, de vous mener où bon lui semblerait, de s'occuper désormais de votre destinée, de vous épouser, de faire enfin de vous ce qui lui plairait. N'en frémissez pas, chère demoiselle, Frédégond a l'ordre de son oncle de vous traiter avec tout le respect, les égards, la décence qu'exigent votre sexe, votre âge et vos malheurs, et je ne suppose pas Frédégond assez peu délicat pour abuser de l'hospitalité qu'il vous donnerait. Il vous aime, d'ailleurs et même éperduement. Un amour véritable change bien l'homme le plus effréné !.... Ainsi, Espérie, il va venir, il va briser vos fers, vous offrir, avec un asile, et sa main et son cœur. Que comptez-vous lui répondre ? »

Espérie lève ses mains vers le ciel en s'écriant : ô mon Dieu ! suis-je frappée d'assez de coups à la fois ! le sang de ma mère fume encore, et déjà l'un de ses bourreaux me réclame comme une vile esclave ! on ne veut me rendre ma liberté que pour m'en priver une seconde fois , et d'une manière non moins cruelle !... On oublie donc , M. l'Abbé , que j'ai une famille , des parens ? Qu'on me rende à ces parens ? eux seuls ont le droit de régler la conduite d'une malheureuse orpheline. N'ai-je pas un aïeul, Geoffroy de Rançon ? des oncles? Roland de Mortagne , Hatton de la Touraille , et le seigneur de Taillebourg ? Pourquoi un étranger s'arroge-t-il le droit de disposer de mon sort ? —Certes , mademoiselle , mon intention n'est pas de le défendre ; mais cet étranger et son oncle sont puissans ; la même vengeance , qui a frappé la mère , peut atteindre la fille ! je frémis à l'idée de la longue suite de crimes dont ces gens-là sont capables. — Un de plus , monsieur? je le demande ; il me réunirait à mes infortunés parens ! —Je sais bien aussi mademoiselle, que vous avez une famille assez nombreuse et qui vous chérit.... Mais.... mais, elle n'a pas fait tout ce que j'attends.... tout ce qu'on attendait d'elle.... j'ai bien voulu.... si on avoit pu.... j'espérais toujours.... on ne sait où est votre oncle Roland, où sont tous vos parens.... Espérie ! en attendant leur secours, celui de la providence qui ne peut pas vous abandonner, je vous engage à ne pas rebuter votre libérateur, qui va venir vous délivrer de cette sombre retraite. Il vous aime, Espérie, oui Frédégond vous aime sérieusement, et, si votre cœur n'est pas, comme je le présume, lié encore par...., vous changez de couleur, mademoiselle ! vous en aimeriez un autre ? Cela se peut, et en ce cas, c'est votre secret, je ne veux pas vous l'arracher ; vous croiriez, vous qui ne m'avez vu que deux fois, que je suis peut-être un agent envoyé par Frédégond pour sonder vos dispositions, pour le servir contre vous, contre les intérêts de celui que vous lui préferez.... Non, mademoiselle, ce rôle n'est pas fait pour moi. Je ne vous parlerai plus de Frédégond, ni de son imprudent, je puis dire même de son *effrayant* amour; je me contenterai de vous plaindre, d'adresser au ciel des vœux pour votre bonheur, d'agir, si je le puis, pour contribuer à vous rendre le repos, la sécurité, dans le sein de votre famille, pour laquelle j'ai toujours eu la plus vive affection. Tels sont mes vœux, tels sont les adieux que je vous laisse.»

Il se lève. Espérie le rappelle: M. l'Abbé? vous ne daignez pas rester pour soutenir mon courage dans l'entrevue que je vais avoir avec ce

Frédégond ? —Mon enfant : le personnage que je jouerais-là serait des plus embarrassans pour moi ; je ne pourrais donner de conseils ni à vous, ni à lui ; encore moins à lui, puisque j'ai intérêt à le ménager, attendu qu'il m'a pris pour son confident ; qu'il m'a fait part de tout ce que je viens de vous rapporter, et que ce n'est que par lui seul que je puisse savoir par la suite tous les complots qu'on pourrait tramer contre vous, découverte importante pour vous comme pour moi, attendu que je pourrais vous les dévoiler et vous aider à les déjouer !.... Vous sentez bien qu'il ne faut même pas qu'il me trouve avec vous.... L'horloge de la tour sonne neuf heures ; la matinée s'avance ; l'empressement de Frédégond peut l'amener ici à l'instant même ; adieu, belle Espérie ; quelque parti que vous preniez, vous aurez toujours de mes nouvelles ; je vous verrai, ou je vous écrirai ; mais, partout, vous pouvez compter sur aide, appui, consolation, secours de ma part. Dieu entend le serment sacré que je vous en fais !

Le bon abbé Milet sortit. Espérie, quoique perdue dans ses tristes réflexions, sentit néanmoins qu'elle devait s'habiller pour recevoir décemment le seigneur Frédégond ; elle le fit. Le seigneur Frédégond ! qu'il est odieux maintenant à Espérie ! le neveu du bourreau de sa famille oserait lui parler d'amour ! autant s'unir aux tigres des forêts ! Espérie ne lui prouvera à son tour que haine, que mépris ; elle refusera toutes ses promesses ; elle préférera un cachot à la main de cet homme qu'elle abhorre ; elle gardera ses fers, confiante en son

innocence

innocence et la protection du Ciel. Que peut-il lui arriver d'ailleurs? la mort! c'est ce qu'elle desire. Si jeune, elle n'a déjà que trop vécu, et la mort est la seule voie qui puisse la rejoindre aux malheureux auteurs de sa douloureuse existence.

Elle est prête; ce méchant peut venir, elle le recevra comme il le mérite. Espérie s'arme de fermeté, de résignation. Déjà le refus, le reproche et des protestations de haine sont sur ses lèvres; elle est disposée à la fâcheuse entrevue.... La femme Maurille monte son escalier en s'écriant : le voilà, le voilà! ce cher chevalier Frédégond. Il me suit, Espérie!

La concierge ouvre la porte; un cavalier entre avec elle, et à sa vue, Espérie jette un cri perçant. Heureusement pour elle, elle perd connaissance.

La concierge veut lui prodiguer des soins; elle tire de sa poche une fiole.... Laissez-moi ce flacon; lui dit le cavalier, je saurai bien seul la faire revenir à elle; puis un mot que j'ai à lui dire lui rendra toute sa raison.

La concierge insiste pour rester. Je vous ordonne de sortir, ajoute le cavalier. Entendez-vous, dame Maurille, que je vous ordonne de sortir à l'instant? —Mais, chevalier, son état!.... —Il n'a rien de dangereux. Sortez, encore une fois.

La vieille n'ose pas désobéir plus long-temps au neveu du seigneur de Haut-Castel; elle se retire, et le cavalier qui, de son consentement, lui a pris son paquet de clefs, ferme soigneusement la porte en dedans, afin qu'elle ne puisse plus rentrer sans sa permission.

Il court à Espérie; mais déjà elle a ouvert les yeux. Il la relève, l'asseoit sur un siége, et elle, jetant ses regards tout autour de la chambre et n'y voyant plus personne d'étranger, dit à demi-voix : Où suis-je !... Quoi ?... Quand on m'annonce un chevalier Frédégond, c'est vous cher Adalard, digne ami de ma famille ! c'est vous, fidèle écuyer de mon oncle Roland de Mortagne ! vous, que je n'ai pas vu depuis nos malheurs, dont nous n'avons reçu aucune nouvelle, et que je croyais toujours en prison, comme moi !

Le bon et fidèle Adalard répond à voix basse : c'est moi, mademoiselle !... Oui, c'est moi ! qui viens vous sauver et vous rendre au meilleur des oncles, à toute votre famille. — Comment, ô mon Dieu ! comment avez-vous fait ? Je vous vois sous le nom et presque sous les habits du neveu de notre persécuteur? — Il fallait ce nom, ces habits pour tromper votre geolière. Je suis d'ailleurs porteur d'un ordre signé par Antoine, lui-même, pour vous mettre en liberté ; mais ce n'est pas à moi qu'il l'avait donné! — M'expliquerez vous ? ... — Les momens sont précieux. Si je n'en profite, je puis être découvert. Veuillez me suivre d'abord, belle Espérie ; je vous donnerai après tous les détails que vous desirerez ! n'emportez rien, pas même de précieux ? — Pardonnez-moi; j'ai là le portrait de mon père!

Elle prend ce portrait, le baise. Adalard le demande pour y imprimer aussi le baiser de l'inviolable attachement du meilleur des serviteurs ; puis il s'écrie, ô le plus justement aimé des maîtres ! reçois ces larmes d'amour et de regrets qui tombent de mes yeux ! bientôt ta fille va revoir ton digne frère, ton image vénérée !

Tous deux s'arrachent ce portrait d'Aldouin ; mais bientôt Adalard, craignant toujours quelque surprise, engage Espérie à l'accompagner à l'instant et à le seconder dans le rôle qu'il joue auprès de sa geolière.

Il rouvre la porte, rappelle la femme Maurille qui paraît soudain : vous voyez, dame Maurille, lui dit-il en souriant, qu'un amant sait avoir soin de l'objet de sa tendresse ; je l'emmène à l'heure même. Mon oncle Antoine brûle d'impatience de voir sa future nièce Espérie. Voilà son ordre de sortie, signé de lui, et que je vous remets. Voilà aussi douze livres que je donne à la femme de mon père nourricier Maurille, en reconnaissance des attentions, des égards qu'elle a eus pour mademoiselle de Hautefère. Partons, belle Espérie.

La concierge, étonnée, ravie, accable le faux Frédégond de remerciemens et le reconduit jusqu'à sa litière, où il s'enferme avez la fille de ses maîtres. Un guide fidèle les conduit bientôt hors de la ville. Là, Adalard monte à cheval auprès de sa précieuse compagne. Ils s'éloignent rapidement de la ville, de la tour, et les voilà sauvés !

ÉPILOGUE.

Et les voilà sauvés, monsieur, dis-je à mon tour avec joie, au possesseur du vieux manuscrit ! je vous avoue que j'attendais avec bien de l'impatience la délivrance de cette pauvre Espérie ! je tremblais qu'elle ne fût sacrifiée aussi par ce méchant Antoine. — Quel affreux caractère que cet Antoine ! n'est-il pas vrai, M. Ducray-Duminil ? — C'est, monsieur, un caractère repoussant ; mais il n'en est pas moins historique. Demain, je vous communiquerai mes recherches à cet égard. — Ainsi, à demain, monsieur ? — Oh ! je n'y manquerai pas. Je suis trop curieux de savoir comment le fidèle Adalard a pu sauver ainsi cette intéressante Espérie, qui va revoir enfin son oncle, ses parens, ses amis, et sans doute son charmant petit cousin Hunold ! — Il faut l'espérer ; mais d'autres tribulations l'attendent. — Sans cela votre histoire finirait.

FIN DU PREMIER VOLUME.

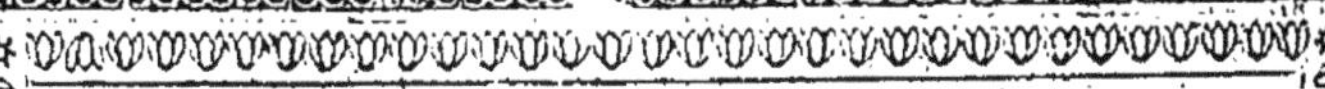

www.ingramcontent.com/pod-product-compliance
Ingram Content Group UK Ltd.
Pitfield, Milton Keynes, MK11 3LW, UK
UKHW012200240726
13966UKWH00002B/470